中国现代哲学史

冯友兰 —— 著

SPM
南方出版传媒
广东人民出版社
·广州·

图书在版编目（CIP）数据

中国现代哲学史 / 冯友兰著． — 广州：广东人民
出版社，2019.10
　　ISBN 978-7-218-13781-0

　　Ⅰ．①中… Ⅱ．①冯… Ⅲ．①哲学史－中国－现代
Ⅳ．①B26

中国版本图书馆 CIP 数据核字（2019）第 162344 号

ZHONGGUO XIANDAI ZHEXUESHI

中国现代哲学史

冯友兰　著

出 版 人：肖风华

责任编辑：马妮璐　张理想
责任技编：周　杰　易志华
装帧设计：周伟伟

出版发行：广东人民出版社
地　　址：广东省广州市海珠区新港西路 204 号 2 号楼（邮政编码：510300）
电　　话：（020）85716809（总编室）
传　　真：（020）85716872
网　　址：http：// www.gdpph.com
印　　刷：山东临沂新华印刷物流集团有限责任公司
开　　本：880mm×1230mm　1/32
印　　张：9.5　字　　数：220 千
版　　次：2019 年 10 月第 1 版　2019 年 10 月第 1 次印刷
定　　价：68.00 元

如发现印装质量问题，影响阅读，请与出版社（020－85716808）联系调换。
售书热线：（020）85716826

自　序

　　《中国哲学史新编》第一、二册于1964年6月印行。很快我就感到不满意，遂又从头撰写。将已出的两册作为"试稿"。经过二十多年的努力，"新编"七册（即《中国现代哲学史》——编者注）终于完成了。回顾二十多年的工作过程，不禁感慨系之矣。

　　我的老妻任载坤在1977年去世的时候，我写了一副挽联："同荣辱，共安危，出入相扶持，碧落黄泉君先去；斩名关，破利索，俯仰无愧怍，海阔天空我自飞。"在那个时候，我开始认识到名、利之所以为束缚，"我自飞"之所以为自由。在写本册第八十一章的时候，我真感觉到"海阔天空我自飞"的自由了。

　　在写第八十一章的时候，我确是照我所见到的写的。并且对朋友们说："如果有人不以为然，因之不能出版，吾其为王船山矣。"船山在深山中著书达数百卷，没有人为他出版；几百年以后，终于出版了，此所谓"文章自有命，不仗史笔垂"。

　　在写第七册的过程中，张跃同志为搜集材料，提出意见；陈来同志也提出很多重要意见；朱伯昆同志也帮助看稿子。趁第七册出版之际，我谨向他们致谢。

冯友兰

1990 年 7 月 11 日

绪　论

第一章　革命派和立宪派的宣传斗争与章炳麟

绪　论

第一节　中国现代革命时期的阶级分析

　　西方的现代化是从产业革命开始的，以蒸汽为动力的机器使社会生产力一下子提高了几百倍，以至几千倍，这就使整个社会的结构发生了天翻地覆的变化。封建社会的经济是自然经济，产业革命打破了自然经济，代之以商品经济，这就是那个大变化的主要内容。

　　在中国封建社会的自然经济中，男耕女织，男的用一些简单的农具耕种一百亩左右的土地，每年收入的粮食就足够他一家几口人吃了；女的靠一张织布机，每年织几匹布就够她一家人穿了。他们的生产都是为自家的消费，这就是自然经济。

　　产业革命以后，这样的自然经济就不能存在了。一个纺织工厂用机器生产，机器一开动，几分钟之内就可以生产很多匹布。它生产的布就不是为了自用，而是为了卖钱。这种经济就是商品经济。

　　有了以蒸汽为动力的机器，人们就不能不用它，因为它的生产比手工业生产快得多，它的产品比手工业产品好得多。但是，一用它，生产力的结构就要大变。一架大机器制造起来要用很大的本钱，使用起来要用很多的工人。手工业工人所用的简单的生产工具不能用了，他们要依靠机器生产，才能维持他们的生活。一架机器需要很多工人才能开动，拥有机器的人则不开动机器，于是社会中就产生两个新的阶级：一个是资本家，即资产阶级；一个是工人，即无产阶级。它们就成了一个统一体中的两个对立面，互相依存，而又互相斗争，互相转化。它们真正是一个矛盾中的统一体。

一个封建社会如果听其自然，它就会照着这个程序向前发展。这在本书第六册绪论中已经讲过。

中国的封建社会受了外来的压迫，不能自然发展，但在第一次鸦片战争以后，在半封建半殖民地的形式下也还是出现了新的阶级。

在资产阶级方面，出现了民族资产阶级、买办资产阶级和官僚资产阶级。民族资产阶级的前身是中国的商人，是从中国封建社会中自然发展出来的资本家，买办资产阶级是外国资本家在中国的代理人，官僚资本家是从中国封建官僚转化过来的。买办资产阶级是依靠外国的势力发家致富的，官僚资产阶级是依靠他们手中的政权发家致富的，民族资产阶级却是依靠自己的经营发家致富的。民族资产阶级是在买办资产阶级和官僚资产阶级的夹攻中艰难地挣扎出来的，他们是真正的中国资产阶级。

资产阶级虽有三个，但无产阶级只有一个，因此无论哪一个资产阶级都要有无产阶级作为它的对立面。资产阶级和无产阶级是相互依存的。

第二节　旧民主主义革命

　　在现代革命时期，有两个革命的阶级：民族资产阶级和无产阶级。随着革命的深入，这两个阶级先后领导了两次革命：旧民主主义革命和新民主主义革命。这两个革命的阶级各自在旧社会中找到了他们的天然同盟军，结为联盟，共同进行革命。民族资产阶级找到的是地主阶级不当权派，无产阶级找到的是农民。无产阶级和农民结成工农联盟，这是众所周知的。民族资产阶级和地主阶级不当权派的联盟，则尚未为历史学家所注意。好像民族资产阶级单枪匹马在几个月之内就推翻了帝制，建立了共和。其实事情并不那么简单。在这一点上要多说一点，以明历史的真相。

　　清朝的慈禧太后在发动宫廷政变、镇压了戊戌变法运动之后，迫于中外舆论，也说是要实行立宪。她声称实行立宪要有充分准备。为了欺骗中外舆论，她订了一个时间表，提出以九年为准备时期，每年把皇权下放一点于民。她所谓"民"是地主阶级不当权派，当时称为"绅"。

照清朝的制度，受皇帝直接任命、掌握国家机器的人称为"官"。在各省做官的人都要回避本省，就是说，不能在他的本省内做官。已经取得做官资格的人，或已经在别省做过官的人就称为"绅"，他们就算作本地区的"民"。清朝末年所谓"民意""民办"，其实就是"绅意""绅办"。慈禧太后在她的准备立宪的时间表中，声称要把皇帝的权力分期下放于民，这个民其实就是"绅"。

慈禧太后和以后的清廷，为了装饰门面，也设立了所谓"民意机关"，在中央设了资政院，在各省设谘议局，作为中央和地方议会的象征。这些民意机关的议员，也还是由上面指派的，可是他们不是官而是绅，更好听一点说就是"民"。在1911年辛亥革命中，这些民意机关在实际上也起了革命的作用。在各省的革命军起义以后，往往推举谘议局的议长主持民政，也有些省是由谘议局出头发动革命。再看一些出头露面的人物的行动，事情就更清楚了。

袁世凯本来是清朝的一个大官僚，戊戌变法的时候，他出卖了谭嗣同，帮助了慈禧，以致变法失败。慈禧死了以后，光绪的兄弟当了摄政王，迫使袁世凯退居原籍河南。于是，他就不是官而是绅了。1911年武昌起义后，清廷用北洋新军打革命军，因为袁世凯是北洋新军的创始人，又起用袁世凯为两湖总督作为统帅，于是他又由绅而成为官了。

袁世凯有他自己的打算，他想利用各省的绅和革命军的声势，以及他自己手中的兵权，取清朝皇帝的地位而代之。他所统率的政府军打了一次比较硬的胜仗，攻占了汉阳，他的前线指挥官就联名发出通电，请清朝皇帝退位，交出政权。清朝的隆裕太后没有办法，就任命袁世凯为总理大臣，组织政府，与革命军议和。当时南北议和达成的协议，南京参议院制定的《临时约法》，以及当时的人事安排，就是南北统一的条件，也就是当时资产阶级和地主阶级联盟的条件。

南北统一以后，孙中山来到北京，袁世凯待以元首之礼。在一次正式欢迎宴会上，孙中山说，他要办一个中国铁路公司，修铁路二十万里；要袁世凯训练一百万军队，认为这样中国就富强了。孙中山的这个演说的含义是民族资产阶级和地主阶级要分工合作，资产阶级负责经济方面的建设，地主阶级负责政治军事方面的建设，这也是两个阶级联盟的条件。

袁世凯当然接受这个条件，下命令成立中国铁路公司，任命孙中山当全国铁路督办。可是修铁路的资金一点也不给，孙中山只好在上海的一个小马路上挂了一个"中国铁路公司"的空头招牌。

孙中山不久就知道受骗了。他于1913年发动了"二次革命"，但是失败了。袁世凯把中华民国改为中华帝国，由他自己当皇帝，这就是地主阶级完全复辟。革命的进程最终是只能前进的。袁世凯的复辟受到了全国人民的反对，他的帝制失败了，他自己也死了。此后就成了军阀混战的局面，孙中山所领导的旧民主主义革命也面目全非了。

在中国长期的封建社会中，各朝代政权的转移有两种形式，一种是以传说中的尧、舜为典型的，称为"揖让"；另一种是以传说中的汤、武为典型的，称为"征诛"。旧民主主义革命是这两种形式的结合。从革命军这一方面说，它是用武力把清朝皇帝和几千年的帝制打倒的，这是"征诛"。从袁世凯这方面说，他是接受清朝统治者的命令组织政府，这是"揖让"。这种"揖让"和"征诛"相结合取得政权的方式本来是不彻底的，所以，虽然从武昌起义到民国成立只用了几个月的时间，快固然是快，但革命是不深入的，其不能持久也是必然的。

第三节 新民主主义革命

"十月革命一声炮响，给我们送来了马克思列宁主义。"这是一整套完全新的哲学体系。在它的指导下，中国的无产阶级觉悟了，成为一个"自为"的政治势力。中国无产阶级成立了自己的先锋队中国共产党，进行了新民主主义革命，建立了中华人民共和国。在这个时期有两个大问题：

第一个是同盟军的问题。在中国长期封建社会中，有一个农民起义的传统，有些朝代就是被农民起义所推翻的。农民所用的夺取政权的形式，就是上边所说的"征诛"。但农民是地主阶级的一个对立面，并不代表一种新的生产关系，因此也不能创造新的政治形式。旧的朝代被推翻了，代之而起的是一个新的朝代，原来的农民起义领袖成了新朝代的皇帝。从表面上看起来，好像是农民起义的领袖篡夺了农民起义的果实，其实这不是篡夺，而是势所必至。到了 20 世纪初期，世界和国内形势都已大变，袁世凯还要称帝，这就不是势所必至，而是倒行逆施，自取灭亡。

无产阶级和农民都处在旧社会中的最下层，这两个阶级是天然的盟友。在无产阶级领导革命的时候，所谓"绅"就成为革命的对象了，这就是所谓"土豪劣绅"。

在西方，无产阶级和资产阶级进行斗争没有同盟军这个问题，因为资产阶级和无产阶级都集中在城市，工人也有人权，受法律保护，资本家可以在经济上剥削和压迫工人，但不能用非法手段在政治上迫害工人。按照马克思和列宁的设想，工人在平时用合法的手段，如罢工之类，和资本家进行斗争，一旦时机成熟，就发动武装暴动，一举而取得城市，由城市推及全国，建立全国性的政权，实行社会主义。可是中国的形势就不同了。在二三十年代，统治中国的是大大小小的军阀，他们既不讲理，也不讲法，而且掌握了整套的国家机器，对工人和劳动群众可以为所欲为。当时领导共产党的教条主义者，在城市开展工人运动，这简直是自我暴露，不但劳而无功，甚至使共产党的组织在大城市也不能存在。毛泽东提出和制定了工农联盟、农村包围城市的理论和政策，使党的组织下乡，找到了天然同盟军，结成工农联盟。农民本来不代表新的生产关系，这样也跟着共产党代表新的生产关系了。共产党得到农民起义的支持，如虎添翼；工农两个阶级互相支持，相得益彰。终于打倒了军阀，赶走了帝国主义，建立了新中国。

这不仅是毛泽东对于中国革命的大贡献，也是对马克思主义的大贡献，由此建立了中国的马克思主义——毛泽东思想。毛泽东思想是马克思主义的普遍原理和中国革命的实践相结合。既然是与中国革命实践相结合，那就是中国的马克思主义了。

同盟军的问题解决了，继之而起的是社会性质的问题。按教条主义的说法，中国革命既然由无产阶级领导成功，成功后的中国社会当然是社会主义了。但实际上社会主义的经济基础是商品经济，而当时中国的经济基本上还是封建社会的自然经济，在这种经济基础上面能建立起社会主义的上层建筑吗？在20年代，中国共产党的领导人陈独秀，就已经看出这个问题了。他看出了这个问题，但没有提出正确的解决方案。在第一次和第二次世界大战以后，东欧的几个国家的革命，也都是由无产阶级领导的，它们的经济也比较落后，基本上也没有进入商品经济。列宁、斯大林看出了这个问题，就不称这些国家为社会主义，而称它们为新民主主义。就是说，这些国家要经过一个"过渡阶段"才能进入社会主义。在这个过渡阶段中，由他们本国自己的无产阶级领导，实行民主主义。因其是无产阶级领导的，所以称为新民主主义。中国共产党也赞成这个理论，实行这个方针政策，在当时也自称为新民主主义社会。1949年中华人民共和国成立的时候，共产党和各民主党派在第一次人民政治协商会议中达成了一个协议，称为《共同纲领》，实际上就是临时宪法。其中规定五种经济并存，称为新民主主义经济，"土洋结合"，两条腿走路。当时中国共产党、毛泽东得到全国人民的信任，其威望之高，是中国历史上的统治者所未有的，这是上层建筑和经济基础相适应的结果。

在这样的大好形势下，不幸出现了"左倾幼稚病"。有这种病的人认为共产党已经掌握了政权，中国社会已经是无产阶级专政的社会主义社会了，用不着新民主主义阶段。他们认为，人是有主观能动性的。既然上层建筑对于经济基础有反作用，共产党就可以用它所掌握的政权，以"一天等于二十年"的速度来几个"大跃进"，中国社会就不仅是社会主义，而且是共产主义了。共产党领导农民办起了"一大二公"的人民公社，刮起了"共产风"，公社的社员在本公社的食堂中"吃饭不要钱"，社员的生老病死都由公社包了。这种"左倾幼稚病"越来越厉害，不久就成为极左思潮，表现为十年动乱的"文化大革命"，使中国社会几乎陷入到全盘崩溃的边缘。当时仍然以马克思主义为号召，但是极左思潮所讲的马克思主义，已经不仅是"空想"的共产主义，而且是反历史的"共产主义"。

"文化大革命"也不能说没有"作用"，它把极左思想推到荒谬的地步，把它的危害性完全暴露出来，使之家喻户晓。在毛泽东去世后一个月，党中央消除了极左思潮的代表人物，进行拨乱反正。拨乱者，即拨极左思潮之乱；反正者，乃反新民主主义之正。

第四节 "以夷为师"（向西方学习）

第一次鸦片战争的失败，使中国人不仅大惊不已，而且大惑不解。在此以前，中国闭关自守，妄自尊大，自称为"天朝"。对中国以外的地方，均视为"夷狄"，为文化所不及。何以"天朝"竟败于"夷狄"之手？然而，失败总是失败，对于这种事实，中国如何应付？开明的中国人都以为应该向西方学习，"以夷为师"。但是，对于首先要学习什么，人们的意见各自不同。有的人认为，首先要学习西方的兵器；有的人认为，学习西方的工业，当时称为"实业"；还有的人要学习西方的政治；有的人要学习西方的宗教。最后，人们提出要学习西方的文化，具体的内容是民主与科学。人们认识到这里，新文化运动就开始了。到现在，几十年过去了，没有人不承认科学的重要，但对于什么是民主，还没有一致的认识。

第一章

革命派和立宪派的宣传斗争与章炳麟

戊戌变法运动的失败，使中国人民认识到：维新运动不能解决救亡图存的问题，必须用武力革命推翻清朝的统治。

孙中山代表民族资产阶级于 1905 年在日本东京成立了中国同盟会，这是革命派；康有为的残余势力也逃到日本东京，这是立宪派。这两派是中国 20 世纪初期两大政治势力，各在日本东京设了宣传机关。立宪派的机关报是《新民丛报》，其总编辑是梁启超；革命派的机关报是《民报》，其总编辑是章炳麟。

章炳麟（1869～1936）初名学乘，后改名炳麟，字枚叔，号太炎，浙江余杭人。早年参加戊戌变法运动，后来组织了一个革命的党，名"光复会"，以排满为宗旨，和同盟会的总纲有一部分相合，因与同盟会合作。章炳麟为《民报》的总编辑兼发行人，和《新民丛报》相对立。章炳麟在东京的时候，有不少革命的留学生和革命者向他学习国学，他和他的学生们在中国经学、文学、诗学、哲学、语言学、文字学、音韵学等方面都自成一派，称为"章门"。他的著作很多，最近上海人民出版社编为《章太炎全集》（以下简称《全集》）。

第一节 《民报》与《新民丛报》斗争的要点

　　《民报》曾把当时和《新民丛报》斗争的要点归纳为十二条，称为《〈民报〉与〈新民丛报〉辩驳之纲领》(《民报》第三期号外)。其中有：

　　"一、《民报》主共和；《新民丛报》主专制。"

　　"二、《民报》望国民以民权立宪；《新民丛报》望政府以开明专制。"

　　"三、《民报》以政府恶劣，故望国民之革命；《新民丛报》以国民恶劣，故望政府以专制。"

　　"五、《民报》主张政治革命，同时主张种族革命；《新民丛报》主张政府开明专制，同时主张政治革命。"

　　"六、《民报》以为，国民革命自颠覆专制而观，则为政治革命，自驱除异族而观，则为种族革命；《新民丛报》以为，种族革命与政治革命不能相容。"

　　"七、《民报》以为，政治革命必须实力；《新民丛报》以为，政治革命只须要求。"

"十一、《民报》以为，革命所以求共和；《新民丛报》以为，革命反以得专制。"

"十二、《民报》鉴于世界前途，知社会问题必须解决，故提倡社会主义；《新民丛报》以为，社会主义不过煽动乞丐流民之具。"

在这个文件里，《民报》把革命派与维新派的纲领做了一个针锋相对的对比。

革命派与维新派的要求的内容和实现要求的手段都是绝对不相同的。维新派主张的开明专制和君主立宪，其专制的君主，具体地说，就是清朝的皇帝。他们反对以排满为内容的种族革命，也反对以"民主共和"为内容的政治革命，更反对以"平均地权"为内容的社会革命。他们认为"只须要求"，反对暴力。他们在一切方面都是和革命派对立的。

维新派的主张确是如此说的。当时《新民丛报》的总编辑是康有为的大弟子梁启超（1873～1929）。他在《新民丛报》中，根据康有为的"三世"说，认为进步要有一定的阶段，在行民主共和之前，须先行君主立宪。而且立宪也不是马上所能做到的，还要等待。"立宪政体者，必民智稍开而后能行之""与其共和，不如君主立宪，与其君主立宪，不如开明专制"。至于社会革命更是他所惧怕的。他说："敢有言以社会革命与他种革命相提并行者，其人即黄帝之逆子，中国之罪人也。"（《开明专制论》，《新民丛报》第七十五期）他怕的是革命派"利用此（革命）以博下等社会之同情，冀赌徒、光棍、大盗、小偷、乞丐、流氓、狱囚之悉为我用"。

第二节　章炳麟对于康有为的驳斥

《民报》所提出的十二点是革命派对立宪派所作的批判。在此以前，章炳麟已经以个人名义对于康有为的言论作了驳斥。

汉族与满族之间的民族矛盾，自明末清初以来，一直继续存在。这个矛盾从太平天国以后，又激化了。戊戌变法运动失败以后，汉族反对异族统治的民族主义思想，成为推翻清朝统治的一个革命武器。章炳麟是这种民族主义思想较早的一个传播者和鼓动者。

康有为向在美洲的华侨宣传说：中国只可立宪，不能革命。章炳麟针对康有为的论点痛加驳斥。康有为反对排满，主张"不论种族异同，唯计情伪得失"。章炳麟驳斥说：种族异同不能不论，满族和汉族确是不同的民族。即就"情伪得失"而论，在清朝的统治之下，汉人确切是在各方面都受严重的压迫。他向康有为指出："载湉（光绪皇帝）者，固长素（康有为字）之私友，而汉族之公仇也。"（《驳康有为论革命书》，《全集》第四册，第 178 页）

康有为的另外一个论点是说，革命必须有很大的牺牲。"革命之惨，流血成河，死人如麻，而其事卒不可就。"章炳麟驳斥说，革命固然是要流血，但立宪也不是可以用口舌要求得来的。英、奥、德、意以及日本，都是实行君主立宪，这些国家的国民，都是经过血战才能得到"自由议政之权"。章炳麟指出，维新派请求立宪，这是一个笑话。他说："岂有立宪而上书奏请者。立宪可请，则革命亦可请乎？以一人之诏旨立宪，宪其所宪，非大地万国所谓宪也。"他指出，如果皇帝赐予立宪，还是君权专制，并不是立宪。

章炳麟和当时的革命派初步认识到，在政权转移的问题上没有和平过渡的可能。统治者决不会自动放弃他的统治。即使在所谓"立宪"中，专制君主放弃了一部分统治权，这也是武装斗争的结果。

章炳麟对于革命的信念是坚定的，他说："长素以为中国今日之人心，公理未明，旧俗俱在，革命以后，必将日寻干戈，偷生不暇，何能变法救民，整顿内治？夫公理未明，旧俗俱在之民，不可革命，而独可立宪，此又何也？岂有立宪之世，一人独圣于上，而天下皆生番野蛮者哉？虽然，以此讥长素，则为反唇相讥，校轸无已。吾曰不可立宪，长素犹曰不可革命也。则应之曰：'人心之智慧，自竞争而后发生，今日之民智，不必恃他事以开之，而但恃革命以开之。'且勿举华（华盛顿）、拿（拿破仑）二圣，而举明末之李自成。李自成者，迫于饥寒，揭竿而起，固无革命观念，尚非今日广西会党之俦也。然自声势稍增，而革命之念起；革命之念起；而剿兵救民、赈饥济困之事兴。岂李自成生而有是志哉？竞争既久，知此事之不可已也。虽然，在李自成之世，则赈饥济困为不可已，在今之世，则合众共和为不可已。是故以赈饥济困结人心者，事成之后，或为枭雄；以合众共和结人心者，事成之后，必为民主。民主之兴，实由时势迫之，而亦由竞争以生此智慧者也。"（《驳康有为论革命书》，《全集》第四册，第180页）这是说，人不是在学习怎样革命以后才能进行革命，因为只有在革命中才能学习革命。

章炳麟又说："人心进化，孟晋不已。以名号言，以方略言，经一竞争，必有胜于前者。"（《驳康有为论革命书》，《全集》第四册，第181页）就是说，在革命斗争的实践中，纲领和政策都是可以逐步提高的，也只有在革命实践中，才可以逐步提高。章炳麟说："然则公理之未明，即以革命明之；旧俗之俱在，即以革命去之。革命非天雄、大黄之猛剂，而实补泻兼备之良药矣！"（《驳康有为论革命书》，《全集》第四册，第181页）这就是说，革命的实践对于人民，是夺取政权的最有效的斗争武器，也是提高政治水平的最有效的学习方法。

章炳麟又指出，康有为所以主张立宪，因为在立宪中，满人可以借立宪之名，维持满人统治汉人的地位。他说："所谓立宪者，固将有上下两院，而下院议定之案，上院犹得以可否之。今上院之法定议员，谁为之耶？其曰皇族，则亲王贝子是已；其曰贵族，则八家与内外蒙古是已；其曰高僧，则卫藏之达赖、班禅是已。是数者，皆汉族之所无，而异种之所特有，是议权仍不在汉人也。"（《驳康有为论革命书》，《全集》第四册，第178页）

从阶级的观点看，立宪派所代表的是半资产阶级、半封建思想，革命派所代表的是全资产阶级思想。从戊戌变法的 1898 年到同盟会成立的 1905 年，不到十年之间，政治活动家和领导人的思想已经大变了，原来主张变法的已经成为守旧的了。近代维新进入现代革命，是急转直下的。

第三节 章炳麟对于康有为今文经学的评论

本书第三册讲过，两汉经学中的一个主要斗争是古文经学和今文经学的斗争。今文经学尤为突出的是以《春秋公羊传》为基础的公羊派。《公羊传》认为，孔丘受天命为王，因其并没有实际的王位，所以作《春秋》以为一王之法，实行这个法的是汉，这就是"为汉制法"。从中国历史的实际发展看，"为汉制法"就是为中国封建社会制法。中国奴隶社会的社会制度行不通了，新的封建社会就要改制。公羊学家用孔丘的旗帜为改制的根据，这就叫"托古改制"。到了近代，中国社会又要改制了，康有为所领导的戊戌变法就是一种改制。康有为又打出公羊学的旗帜，作为改制的根据。康有为的一系列经学著作都是为戊戌变法服务的。

章炳麟的《检论》是他早年鼓吹革命的《訄书》的修订本。《检论》第一卷也先谈到种族的问题，但是到第二卷就转入经学的问题了。章炳麟特别反对今文经学所主张的儒家经典是孔丘创作之说，认为孔子是"述而不作"的。他以《春秋》为例说："《慎子》曰：

'《诗》，往志也;《书》，往诰也;《春秋》，往事也。'庄生亦言，《春秋》经世，先王之志。志者，古文识字，其字诂曰:史，记事者也;事，职也;职，记微也，识常也。微为徽号，常为旗志。故志者，史官所记当世徽号，谓书契图象之属矣。事亦从史，而义为记徽。《春秋》，往昔先王旧记也。孟子亦言，《春秋》天子之事。此由史官皆自周出，而诸侯史记当臧王官，不可私窠，故曰'天子之记'。"(《全集》第三册，第407～408页)章炳麟的这一段话，说明《春秋》本来的性质是一种史官的史书，并不是孔丘的创作。

章炳麟认为，不仅《春秋》为史官之书，《六经》都是史官之书。他说:"孔氏之教，本以历史为宗，宗孔氏者，当沙汰其干禄致用之术，惟取前王成迹可以感怀者，流连弗替。《春秋》而上，则有《六经》，固孔氏历史之学也。《春秋》而下，则有《史记》《汉书》，以至历代书志、纪传，亦孔氏历史之学也。"(《答铁铮》《全集》第四册，第371页)章炳麟把《六经》看成是历史，是与康有为的主张针锋相对的。这一点在他对《春秋》的评价中表现得最清楚。

章炳麟说:"综观《春秋》，乐道五伯，多其攘夷狄，扞种姓，虽仲尼所以自任，亦曰百世之伯主也……今以立言不朽，为中国存种姓，远殊类，自谓有伯主功，非曰素王也。"(《检论》卷二，《全集》第三册，第412页)照这段所说，《春秋》的贡献不在于"诛乱臣贼子"，而在于"攘夷狄，扞种姓"。孔丘之所以称赞管仲，也在于此。然而，春秋时代的霸主，其功只及于一世，而孔丘提倡《春秋》，其功及于百世，他是"百世之伯主"，但并不是"素王"。所以他说:"世儒不明，或言孔子素王，将定法制以待汉家。汉法既不原本《春秋》，而孔子又不能草具仪法，徒以时事寄言，令人占射，其抽甚于上古结绳。若将自任素王者，是乃规为更姓改物以创制而旌其伐。"（《检论》卷二，《全集》第三册，第412页）这是对康有为明确的批评。章炳麟和康有为都是尊崇孔丘的，但他们所持的理由不同。康有为尊崇孔丘是因为其"托古改制"，章炳麟尊崇孔丘是因为其"攘夷保种"，两个人在经学上的主张都是为他们的政治主张服务的。

章炳麟的经学也是当时所谓"国学"的一部分，他的国学研究在当时是有现实意义的，是跟当时的种族革命相结合的。他说："故仆以为民族主义如稼穑然，要以史籍所载人物、制度、地理、风俗之类为之灌溉，则蔚然以兴矣。不然，徒知主义之可贵，而不知民族之可爱，吾恐其渐就萎黄也。"（《答铁铮》，《全集》第四册，第371页）他认为，研究当时所谓"国学"有提高民族主义的意义。这里所谓"民族主义"，就是满汉斗争。当时有革命思想的人也都是这样想的，也都是这样看的。当时上海有一个刊物，名为《国粹学报》，被认为是一种革命刊物。章炳麟在东京一面鼓吹革命，一面提倡国学，当时的人认为这两方面是一致的，他提倡国学也是他的革命活动。

在《国粹学报》纪念出版三周年的时候，章炳麟作了一篇祝词，其中说："部娄无松柏，故日本因成于人，而中国制法自己，儒、墨、道、名尚已。虽汉、宋诸明哲专精厉意，虑非岛人所能有也。自弃其重，而倚于人，君子耻之，焉始反本以言国粹。"（《〈国粹学报祝词〉》，《全集》第四册，第207页）日本明治维新，实行君主立宪一举成功。中国的维新派推崇日本，事事都要向日本学习，章炳麟认为可耻。他的这一段话是为提倡国学辩解，也是对中国维新派的批判。

在种族问题上，康有为拥护满人的统治，章炳麟主张排满；在政治问题上，康有为主张立宪，章炳麟主张革命；在经学问题上，康有为主张今文，章炳麟主张古文。在这三大问题上，他们两个人都是针锋相对的。从历史发展的大阶段看，孙中山是康有为的对立面。从其中的细节看，章炳麟是康有为的对立面。

第四节　章炳麟所理解的社会革命

章炳麟承认，在革命成功以后必然要实行民主共和，但是他反对资产阶级议会制度。他说："议院者，受贿之奸府；富民者，盗国之渠魁。"他指出，议会中的议员，"大抵出于豪家。名为代表人民，其实依附政党，与官吏相朋比，挟持门户之见，则所计不在民生利病，惟便于私党之为。故议院者，国家所以诱惑愚民，而钳制其口者也"（《五无论》，原载《民报》十八号，《全集》第四册，第431页）。这就是说，在他看来，资产阶级民主是虚伪的，其议会是欺骗人民的工具。

章炳麟是从左的方面反对旧民主主义革命；康有为是从右的方面反对旧民主主义革命。然而，旧民主主义革命是势在必行，章炳麟和康有为各以不同的原因，成为时代的落伍者。就章炳麟本人说，他是宣传民族革命的前锋，提倡传统国学的后殿。

第二章

旧民主主义革命的最大理论家和最高领导人孙中山

从康有为所领导的变法运动失败以后，中国的历史就由维新时期进入了革命时期，就是现代革命时期。这个时期分为两个阶段：旧民主主义革命时期和新民主主义革命时期。这两种革命在时间上是有交叉的，但以革命的性质说，这两种革命是截然不同的。旧民主主义革命的理论家和领导者是孙中山。

孙中山（1866～1925），广东香山县（今中山市）人，名文，字德明，号日新，后改号逸仙，中山是在日本所用的化名。幼年入私塾，1878年到美国檀香山居住，次年入小学，1886年在广州博济医院附设的南华医学校学医，次年又转入香港雅丽医院附设的由维新派何启创办的西医书院学医。1894年，他到檀香山组织兴中会。1905年他在日本东京组织中国革命同盟会，这是中国现代的第一个革命政党。1911年，辛亥革命成功，中华民国成立，他被选为临时大总统，不久即辞职，但仍以维护中国的共和政体为己任，直到1925年在北京逝世。他的重要著作和言论，人民出版社编为《孙中山选集》（本章以下简称《选集》）。

第一节　孙中山的思想和政治活动的发展

在中国近代和现代的思想和政治上的领导人物中，孙中山的优点是，他的思想和政治活动是随着历史潮流的变动而变动的。在这一点上，他和康有为形成了鲜明的对比。康有为说过，他的学术和政治思想在三十岁以前就完全定了，以后不能改变，也不求改变。所以，他从早年的先进人物变成晚年的顽固派。人们觉得奇怪，康有为为什么变了呢？其实康有为并没有变，而是时代变了。

章炳麟也多少有类似的情况。他早年在日本东京主持《民报》，宣传革命，也是一时的先进人物。晚年退居苏州，传授传统的国学，对于当时的政治和社会学术思想的问题失去了发言权，大概他也不想发言了。人们觉得奇怪，章炳麟怎么变了呢？其实他并没有变，而是时代变了。

孙中山不是这样，他早年是维新派的追随者，其思想是半封建的；中年是资产阶级革命的领导人，其思想是全资产阶级；晚年是无产阶级革命的同路人，其思想是半无产阶级的。其所以有这些转变，是因为他对于中国的问题的认识越来越深刻，他解决问题的对策越来越革命化。他的认识是从他的革命实践中总结出来的，不是道听途说、人云亦云，所以他的转变也不是看风使舵、随波逐流。他的政治遗嘱说明了这一点。

《遗嘱》说："余致力国民革命，凡四十年，其目的在求中国之自由平等。积四十年之经验，深知欲达到此目的，必须唤起民众，及联合世界上以平等待我之民族，共同奋斗。现在革命尚未成功。凡我同志，务须依照余所著《建国方略》、《建国大纲》、《三民主义及第一次全国代表大会宣言》，继续努力，以求贯彻。最近主张开国民会议及废除不平等条约，尤须于最短时间，促其实现。是所至嘱。"（《选集》下卷，第921页）

这篇遗嘱，虽只有一百多字，但是一篇大文。它概括了孙中山一生革命斗争的过去，指示了国民党同志们未来斗争的方向。他首先指出，国民革命的目标是争取中国的自由平等。怎样争取呢？他从四十年的经验中"深知欲达到此目的，必须唤起民众，及联合世界上以平等待我之民族，共同奋斗"。这两句话说明他的"深知"是从他四十年的革命经验中总结出来的。只有从实践中得来的知识才是深知。他积累了四十年的经验才得出这个"深知"，这不仅说明他现在有了新的认识，也含蓄地承认了他过去的错误。他过去第一个错误是没有唤起民众，只联合地主阶级不当权派，以推翻满族皇帝的统治。推翻以后，就自以为是革命成功了。等到袁世凯背叛了联盟，恢复帝制，孙中山没有民众的支持就没有办法了。第二个错误是对于资本主义国家，甚至帝国主义抱有幻想，错误地认为它们是支持中国革命的。其实它们就是使中国变为殖民地的殖民主义者，要向它们要求中国的自由平等，岂不是与虎谋皮，它们就是不"以平等待我之民族"。中国的国民革命是要"联合世界上以平等待我之民族，共同奋斗"。孙中山遗嘱中的这几句话概括说明了国共合作后孙中山"联俄、联共、扶助农工"的三大政策。

《遗嘱》接着说："现在革命尚未成功。凡我同志，务须依照余所著《建国方略》、《建国大纲》、《三民主义及第一次全国代表大会宣言》，继续努力，以求贯彻。"在所举四项文件中，前两项是孙中山在国共合作以前写的，是全资产阶级思想；后两项是他在国共合作以后写的，是半无产阶级思想。

《遗嘱》最后说："最近主张开国民会议及废除不平等条约，尤须于最短时间，促其实现。是所至嘱。"当时，北京政府的当权者段祺瑞邀请孙中山来北京共商国是。《遗嘱》中所说的两项主张，是孙中山准备向段祺瑞提出的。可是他一到北京就病了，终于不起。正如大诗人杜甫吊诸葛亮两句诗所说的："出师未捷身先死，长使英雄泪满襟。"

第二节　孙中山追随维新派时期的半封建思想

　　孙中山 1892 年到澳门行医，他自叙说："予在澳门，始知有一种政治运动，此种运动大可视为少年中国政党之形成。其党有见于中国之政体，不合于时势之所需，故欲以和平手段，渐进方法，请愿于朝廷，俾倡行新政。其最要者，则在改行立宪政体，以代专制及腐败的政治。予当时深表同情，即投身为党员，自信固为国利民福计耳。"（《伦敦被难记》，《选集》上卷，第 22 页）在这一段话里，孙中山不仅说明了他的政治活动的开始，也概括地说明了维新派思想的要点。

　　1894 年，孙中山向李鸿章上书，指出当时民族的危机和挽救的方法。他指出："欧洲富强之本，不尽在于船坚炮利，垒固兵强，而在于人能尽其才，地能尽其利，物能尽其用，货能畅其流。此四事者，富强之大经，治国之大本也。我国家欲恢扩宏图，勤求远略，仿行西法以筹自强，而不急于此四者，徒惟坚船利炮之是务，是舍本而图末也。"（《上李鸿章书》，《选集》上卷，第 7～8 页）

孙中山指出，追求"坚船利炮"是"舍本而图末"。这是正确的。但他所提出的"四事"，也还不是"本"。他所谓"人尽其才"，主要是在教育制度和官僚任用制度上作一些资产阶级性的改革。他所谓"地尽其利"，主要是采用当时所有的科学技术，改良农业生产。他所谓"物尽其用"，主要是学习资本主义国家的科学和技术，兴办工业。他所谓"货畅其流"，主要是发展交通和保护商业。

这次上书的总的精神是发展农业、工业，以使中国独立富强。他希望依靠清朝统治者的势力，从上而下地进行改革。

孙中山的上书没有得到清朝官僚的重视。他到了檀香山，在华侨里面得到了同情。当时，国外的华侨有一大部分是从小生产者和商人发展起来的资产阶级。这种人在国内还很少。上边说过，这样的资产阶级和城市小资产阶级知识分子是革命派的社会基础。孙中山首先在檀香山的华侨中找到了这个基础。

他在 1894 年，在檀香山组织了兴中会。在宣言中，他开始对于清朝的封建统治展开了攻击。这表示他放弃了维新派依靠清朝政府推行改革的企图，开始从下做起，"集会众以兴中，协贤豪而共济"（《兴中会宣言》，《选集》上卷，第 19 页）。同时，孙中山又在入会会员的誓词中明确提出了"驱逐鞑虏，恢复中华，创立合众政府"这一革命口号。

1895 年，在中日甲午战争的刺激下，他回到香港，组织了兴中会总会机关，并开始和当时主张"反清复明"的会党联系，确立了民族革命的信心和主张。但是在政治革命方面，目的还是不很明确。

1895 年，他会合当时的会党分子在广东举行武装起义。失败以后，他于 1897 年在伦敦发表论文，明确地提出了政治革命的主张。

他说："不完全打倒目前极其腐败的统治而建立一个贤良政府，由道地的中国人（一开始用欧洲人作顾问，并在几年内取得欧洲人行政上的援助），来建立起纯洁的政治，那么，实现任何改进就是完全不可能的。"（《中国的现在和未来》，《中国哲学史资料选集》近代之部，第600页）这里所说的"道地的中国人"指汉族。在这里孙中山指出，没有汉族的种族革命和政治革命，就不可能有任何改革。孙中山一步一步地同维新派决裂，把中国历史的发展由近代维新推进为现代革命。

第三节　孙中山领导民主主义革命的全资产阶级思想——建国方略

　　1905 年，孙中山在东京组织成立了同盟会，举起了革命的大旗。它所发出的宣言在形式上和实际上都是一个革命军或革命政府的布告，开头说："中华国民军都督奉军政府命，以军政府之宗旨及条理，布告国民。"（《同盟会宣言》，《选集》上卷，第 68 页）布告提出了"驱除鞑虏，恢复中华，建立民国，平均地权"的纲领，也提出了"自由、平等、博爱"和"民有、民治、民享"的口号。

　　孙中山在《〈民报〉发刊词》中正式提出了民族、民权、民生三大主义的名称，并进一步地阐述其内容。他说："罗马之亡，民族主义兴，而欧洲各国以独立。洎自帝其国，威行专制，在下者不堪其苦，则民权主义起。十八世纪之末，十九世纪之初，专制仆而立宪政体殖焉。世界开化，人智益蒸，物质发舒，百年锐于千载，经济问题继政治问题之后，则民生主义跃跃然动。二十世纪不得不为民生主义之擅场时代也。是三大主义皆基本于民，递嬗变易，而欧美之人种胥冶化焉。"（《选集》上卷，第 71 页）照这里所说的，民族主义并不限于满汉之争，而是中国民族怎样可以独立于世界民族之林的问题。世界各地都有民族革命、政治革命、社会革命。孙中山自以为他的三民主义是要把这三种革命联系起来，毕其功于一役，这一"役"成功了，中国就可以长治久安了。

孙中山的这些阐述都是原则性的，究竟怎么样实施，还没有具体地说。新文化运动给他一个新推动力。新文化运动是中国从旧民主主义革命转入新民主主义革命的一个关键性转折点，孙中山在这个时候提出了实施三民主义的具体方案。当时有一部分人认为三民主义只是一些空谈，也有人认为，孙中山的革命只能破坏，不能建设，所以孙中山发表这些具体的方案，以说明他所进行的革命，不但是破坏，也是建设。

《建国方略》分为三部分，第一部分是《心理建设》。孙中山认为，这是他的思想的中心，所以也称为"孙文学说"。其具体的主张是行先知后，行易知难。儒家的经典中，有"知之非艰、行之惟艰"的说法，王守仁有"知行合一"的说法，孙中山批评了这些说法，提出他自己的主张：行先知后，行易知难，不知亦能行，有知必有行。知行问题是中国哲学中的一个传统问题，孙中山自以为他的主张是关于这个问题的全新的说法，正确解决了这个问题。他的这个主张的政治含义是：对于中国革命，他的三民主义是"知"，既然有知了，就不怕不能行。他企望中国人民都有这个信念，以这个信念作为建国的心理建设。

这个政治含义是重大的，但作为解决中国传统哲学中的知行问题，并不是针锋相对的。中国儒家经典所说的"知之非艰、行之惟艰"，王守仁所讲的"知行合一"，都是就个人的修养说的。孙中山所举的"行易知难"的例，都是就社会发展说的，这两者并不是一回事。用后者批评前者是文不对题。

以《心理建设》作为《建国方略》的第一部分，这是有理由的。但如果从哲学观点看，他的主张未必可以成立。

《建国方略》的第二部分是《物质建设》。第三部分是《社会建设》，在这一部分中，人们期望孙中山提出关于民权主义的具体实施方案，可是，他只提出了一个《民权初步》。这是他根据西人沙德的著作编译而成的。其内容是一般会议的形式和会议进行的程序。人们不免觉得孙中山是大题小作，空言搪塞，其实不然。《民权初步》所讲的固然是一些小节，但是，表现了一个大义，那就是民主与集中的问题。孙中山在《民权初步》的序文中说："中华民族，世界之至大者也，亦世界之至优者也。中华土地，世界之至广者也，亦世界之至富者也。然而以此至大至优之民族，据此至广至富之土地，会此世运进化之时，人文发达之际，犹未能先我东邻而改造一富强之国家者，其故何也？人心涣散，民力不凝结也。"（《选集》上卷，第339页）这里所说的"凝结"就是集中的问题。序文的大意是说，人民要行使民权，必须首先把自己组织起来，成为有组织的团体。这个团体如果要对某一事采取行动，它必须召开会议，对于这一事做充分的讨论。开会必有一定的形式，讨论必有一定的程序。这些形式和程序，并不就是民权，只是行使民权的必要条件，所以称为"民权初步"。

会议的程序大致可以分为三个阶段，第一是讨论，第二是提案，第三是表决。会议开会后，先就本次会议所要讨论的问题展开讨论。参加会议的每个人都可以发表自己的独立见解，畅所欲言，这是会议程序的第一阶段。这个阶段以后，每一个参加会议的人都可以把上阶段的讨论集中起来，加上他自己的意见，成为一个拟议的议决案，称为提案。有了提案，参加会议的人再对于提案进行讨论，可以补充，也可以修正，这是会议程序的第二阶段。提案只是拟议中的表决案，还要加以投票表决。如果得到了多数的赞成，它就成为正式的议决案。经过表决的程序，这个议决案就成为这个团体的公共意见，这个团体就可以采取行动了。这个程序的主要精神是如《民权初步》的《结论》中所说的"一社会中，其会员人人有言论表决权于大小各事，则知识能力必日加，而结合日固，其发达进步，实不可限量也"（《选集》上卷，第418～419页）。

近年以来，一般的议论认为，社会主义的民主是民主集中制，而资产阶级的民主则没有集中。其实，任何民主都不能没有集中。如果没有集中，那个社会就要四分五裂，不能存在了。问题是怎样集中，由谁来集中。照《民权初步》所说的，社会上的事，尤其是政治上的事，人人可以讨论，人人可以提案，人人可以表决，这样，民主与集中就不是对立的，而是统一的了。

孙中山关于民权的具体措施见于《建国大纲》《五权宪法》。他的这些思想，如果真能实现，中国就成为有中国特色的资产阶级的民主主义国家。但是他有一个没有解决的问题，那就是有什么力量可以使他的这些理想成为现实。政治上的事情靠政权，政权靠一种力量。在封建社会中，这种力量是军队。在民主主义的社会中，这种力量是选票。这两种力量孙中山都没有，所以他虽有一套完整的资产阶级的政治理想，但总是停留在宣传的阶段上，不能前进。

然而历史没有停止前进，中国革命也没有停止前进。在 1920 年前后，世界上出现了苏联，中国出现了共产党。这在世界政治上和中国政治上是两种完全新的力量，这两种力量都愿意帮助孙中山继续前进。孙中山接受了他们的援助，改组国民党，制定了联俄、联共和扶助农工的三大政策，形成了第一次国共合作的局面。这是中国革命由资产阶级领导的民主主义走向无产阶级领导的民主主义的一个转折点、一个过渡。相对而言，前者称为旧民主主义，后者称为新民主主义。

第四节　孙中山在国共合作中的半社会主义思想

　　改组国民党的党员代表大会发表了《中国国民党第一次全国代表大会宣言》（以下简称《宣言》）。《宣言》第一段说："海禁既开，列强之帝国主义，如怒潮骤至，武力的掠夺与经济的压迫，使中国丧失独立，陷于半殖民地之地位。满洲政府既无力以御外侮，而钳制家奴之政策，且行之益厉，适足以侧媚列强。"（《选集》下卷，第520页）在这段话中，《宣言》提出了三点对于当时形势的认识：第一点是所谓西方列强的性质是帝国主义，第二点是中国处于半殖民地地位，第三点是帝国主义和封建统治者之间存在互相勾结、互相利用的关系。

　　这三点认识，现在已经成为中国人民的常识。但在当时，却只有少数先进人物才知道有帝国主义和殖民地这些名词，并了解其意义。帝国主义和殖民地是一个共同体的两个对立面。帝国主义对于殖民地实行武力掠夺和经济压迫，殖民地是受掠夺和被压迫者。殖民地原有的封建统治者利用帝国主义以维持其地位，帝国主义者利用殖民地原有的封建势力以推行其侵略。当时，欧洲的帝国主义者瓜分非洲，在中国曾引起一阵惊慌，后来他们没有来瓜分。《宣言》指出，这是易瓜分为共管，在共管下的殖民地就是半殖民地。

维新派和旧民主主义者都认为，所谓西方列强，特别是英美，都同情和支持中国的革新和革命。他们从个人经历中获得了这样的例证。他们不知康有为在香港受到保护，是英国政府推行他们保护政治犯的传统政策。孙中山在伦敦中国使馆被囚禁，英国政府出面干预，是维护他们的主权。因此，维新派和旧民主主义者都反封而不反帝。新民主主义的先进人物才认识到反封也要反帝，反封必须反帝。反封和反帝是中国革命两方面的任务。

孙中山看见苏联十月革命成功后自动废除帝俄对中国的不平等条约，这才知道世界上不平等条约是可以废除的，世界上真有"以平等待我之民族"。他又看见苏维埃政权，这才知道，革命必须依靠农、工。他又受到苏联在军事上的帮助，在广州训练他自己的军队。他又看见中国共产党是真正的革命者。这些情况使他大开眼界，这些新认识使他能够改组国民党，制定"联俄、联共和扶助农工"三大政策，也使他重新解释了三民主义，成为新三民主义。在《宣言》中也提到了新解释的一些要点。其全面的解释见他在广州所作的演讲中。

关于民族主义，《宣言》解释说："国民党之民族主义，有两方面之意义：一则中国民族自求解放；二则中国境内各民族一律平等。"（《选集》下卷，第525页）在这个解释中，孙中山已完全放弃了"排满"的思想，而代之以"中国境内各民族一律平等"。他在

《临时大总统就职宣言》中说："合汉、满、蒙、回、藏诸地为一国，如合汉、满、蒙、回、藏诸族为一人，是曰民族之统一。"（《选集》上卷，第82页）此即宣布五族共和。关于民族主义的另一方面，孙中山在《演讲》中又有进一步的发挥，他说："民族主义就是国族主义。中国人最崇拜的是家族主义和宗族主义。所以中国只有家族主义和宗族主义，没有国族主义。外国旁观的人说中国人是一片散沙，这个原因是在什么地方呢？就是因为一般人民只有家族主义和宗族主义，没有国族主义。"（《三民主义》，《选集》下卷，第590页）孙中山所说的"国族"，在西方的意义是民族国家。在西方历史中，罗马帝国崩溃以后，它原来所统治的各民族各自独立，成为民族的国家。民族国家的出现是欧洲现代化的一件大事。各民族国家互相竞赛，互相竞争，在精神和物质方面都有前所未有的很大、很快的进步，使欧洲成为一时世界上最先进的地区，但也使欧洲陷于分裂，至今还联合不起来。孙中山在辛亥革命成功后，立时改排满为联满，宣布汉、满、蒙、回、藏一律平等，建立中华民国，称为五族共和。他又以国族思想把五族融合起来，称为中华民族。"中华"两字从此成为中国这个国族的名称。振兴中华至今成为中国人民奋斗的目标。

关于民权主义，《宣言》解释说："国民党之民权主义，于间接民权之外，复行直接民权，即为国民者，不但有选举权，且兼有创制、复决、罢官诸权也。"（《选集》下卷，第526页）孙中山在《三民主义》中又深入说："欧美对于民权问题的研究，还没有彻底。因为不彻底，所以人民和政府，日日相冲突。因为民权是新力量，政府是旧机器。我们现在要解决民权问题，便要另造一台新机器，造成这种新机器的原理，要分开权和能。人民是要有权的，机器是要有能的。"（《选集》下卷，第 751 页）他举例说，比如一个工厂，工厂的"总办是专门家，就是有能的人，股东就是有权的人，工厂内的事只有总办能够讲话，股东不过监督总办罢了。现在民国的人民，便是股东，民国的总统便是总办。我们人民对于政府的态度，应该把他们当作专门家看。如果有了这种态度，股东便能够利用总办，整顿工厂，用很少的成本，出很多的货物，可以令那个公司发大财"（《三民主义》，《选集》下卷，第 739 页）。

孙中山所说的"新机器"就是他理想中的五权宪法，这种宪法用五权分立代替西方国家所行的三权分立。其中的考试权和监察权是中国传统政治体制中所原有的，所以孙中山认为他所理想的五权宪法是融合东西最完备的政治体制，也是他的民权主义的最具体的实施方案。

关于民生主义，《宣言》解释说："国民党之民生主义，其最重要之原则不外二者：一曰平均地权；二曰节制资本。"（《选集》下卷，第 526 页）《三民主义》又发挥说："民生就是人民的生活，社会的生存。国民的生计，群众的生命。"（《选集》下卷，第 765 页）孙中山指出，近代世界的最大变动是用机器替代人工，用机器的生产"一个人可以替代一千人，用一点钟可以替代一日"。因此在用机器的地方，很多的工人都要失业，这"便发生社会问题"。"这个社会问题，就是今天所讲的民生主义。"西方新兴起的社会主义或共产主义都是以解决这个社会问题为其宗旨的。

孙中山接着说："民生主义就是共产主义，就是社会主义。所以我们对于共产主义，不但不能说是和民生主义相冲突，并且是一个好朋友，主张民生主义的人，应该要细心去研究的。"（《选集》

下卷，第 797 页）

孙中山又说："我们讲到民生主义，虽然很崇拜马克思的学问，但是不能用马克思的办法到中国来实行。这个理由很容易明白，就是俄国实行马克思的办法，革命以后，行到今日，对于经济问题还是要改用新经济政策……在中国实业尚未发达的时候，马克思的阶级战争和无产专制便用不着。所以我们今日师马克思之意则可，用马克思之法则不可。我们主张解决民生问题的方法，不是先提出一种毫不合时用的剧烈办法，再等到实业发达以求适用。"（《选集》下卷，第 802～803 页）他的办法就是"平均地权""节制资本"。

孙中山认为，当时的社会问题，就是贫富不均，他的民生主义就是要解决这个问题。平均地权是解决中国原有的封建社会中的社会问题，节制资本就是预防中国即将到来的资本主义社会中的社会问题。平均地权是用赎买政策限制地主阶级的封建权力，节制资本是用国家资本限制资本家的垄断。孙中山举俄国革命为例，说明"用革命手段不能完全解决经济问题"。马克思的唯物史观证明，一个社会的经济基础决定这个社会的上层建筑，上层建筑不能改变经济基础。孙中山的论断也蕴含这个道理。50 年代，刮共产风的失败证明了这个道理。

以上说明孙中山的民生主义和马克思的共产主义的不同。除此之外，还有一个更深刻、更根本的不同，那就是阶级斗争的问题。孙中山早在《孙文学说》中就说："夫进化者，时间之作用也，故自达尔文氏发明物种进化之理，而学者多称为时间之大发明，与牛顿氏之摄力，为空间之大发明相媲美。而作者则以为进化之时期有三：其一为物质进化之时期，其二为物种进化之时期，其三则为人类进化之时期。"（《选集》上卷，第 141 页）孙中山说到人类的进化时期指出："此期之进化原则，则与物种之进化原则不同，物种以竞争为原则，人类则以互助为原则。社会国家者，互助之体也，道德仁义者，互助之用也；人类顺此原则则昌，不顺此原则则亡。此原则行之于人类当已数十万年矣，然而人类今日犹未能尽守此原则者，则以人类本从物种而来，其入于第三期之进化，为时尚浅，而一切物种遗传之性，尚未能悉行化除也。然而人类自入文明之后，则天性所趋已莫之为而为，莫之致而致，向于互助之原则，以求达人类进化之目的矣。人类进化之目的为何？即孔子所谓'大道之行也，天下为公。'"（《选集》上卷，第 141 ～ 142 页）这段话的言外之意是说，马克思主义的阶级斗争学说是错误地把物种进化时期的斗争原则应用到人类社会，也可以说是人类在未有社会组织以前的斗争即"天竞"的遗留。这个意思他在《三民主义》这篇演讲中明确地说了出来，他说："阶级斗争不是社会进化的原因，阶级斗争是社会当进化的时候，所发生的一种病症。这种病症的原因，是人类不能生存。因为人类不能生存，所以这种病症的结果，便日起战争。马克思研究社会问题所有的心得，只见到社会进化的毛病，没有见到社会进化的原理。所以马克思只可说是一个'社会病理家'不能说是一个'社会生理家'。"（《选集》下卷，第 779 页）他把民生主义看成是社会生理学，把马克思主义看成是社会病理学。就是说，民生主义所讲的是社会的正常现象，是社会发展的常规，马克思所讲的是社会变态。

但是，孙中山在《三民主义》讲演中又说："我们不能说共产主义与民生主义不同。我们三民主义的意思，就是民有、民治、民享。这个民有、民治、民享的意思，就是国家是人民所共有，政治是人民所共管，利益是人民所共享。照这样的说法，人民对于国家，不只是共产，什么事都是可以共的。人民对于国家要什么事都是可以共，才是真正达到民生主义的目的，这就是孔子所希望的大同世界。"（《选集》下卷，第805页）

这就是孙中山重新解释的三民主义，称为新三民主义。关于孙中山的新三民主义和马克思的共产主义的异同，毛泽东评论说："我们共产党人承认'三民主义为抗日民族统一战线的政治基础'，承认'三民主义为中国今日之必需，本党愿为其彻底实现而奋斗'，承认共产主义的最低纲领和三民主义的政治原则基本上相同。"（《毛泽东选集》第二卷，人民出版社1966年横排大字本，第650页）这就是国共合作的政治基础和理论依据。

第三章

新文化运动的创始人、教育家、
哲学家蔡元培

孙中山所创建的旧民主主义共和国，因袁世凯的叛变而失败，中国形成了军阀割据、四分五裂的局面。各地区的军阀和他们所依靠的帝国主义势力互相勾结，使中国的半封建半殖民地的地位越陷越深；但中国人民的革命，正如黄河、长江的水，是不会倒流的，历史的车轮是不会逆转的。紧跟着旧民主主义革命的失败，又一次更深刻的革命到来了，那就是新文化运动。为这次革命开辟道路、创造条件的领导人是教育家、哲学家蔡元培。

　　蔡元培（1868～1940）浙江省绍兴县人，字鹤卿，号孑民。1892年中进士，为翰林院庶吉士；1894年，任翰林院编修；1898年出京，任绍兴中西学堂总理；1901年，任南洋公学（今交通大学）特班教习；1902年，任爱国学社及爱国女学校总理；1906年，任北京译学馆教习；1907年，到德国柏林；1908年，到莱比锡，进大学听讲；1911年，革命军起，归国；1912年，中华民国临时政府在南京成立，任教育总长；临时政府移北京，仍任教育总长；7月辞职，9月复到德国莱比锡。1913年4月回国，9月赴法国；1916年回国，次年初任北京大学校长。南京国民政府成立，任大学院院长、中央研究院院长。著有《中学修身教科书》《中国伦理学史》《哲学大纲》《简易哲学纲要》《石头记索隐》等书，以及各种"专集"。近人高平叔编辑有《蔡元培全集》，由中华书局出版。又，北京大学学生所设新潮社印有《蔡孑民先生言行录》(根据《自书简历》)。

第一节　新文化运动的历史意义

　　新文化运动是中国现代革命发展的一个重要环节。孙中山说："自北京大学学生发生五四运动以来，一般爱国青年，无不以革新思想为将来革新事业之预备。于是蓬蓬勃勃，发抒言论。国内各界舆论，一致同倡。各种新出版物，为热心青年所举办者，纷纷应时而出。扬葩吐艳，各极其致，社会遂蒙绝大之影响。虽以顽劣之伪政府，犹且不敢撄其锋。此种新文化运动，在我国今日，诚思想界空前之大变动。推原其始，不过由于出版界之一二觉悟者从事提倡，遂至舆论放大异彩，学潮弥漫全国，人皆激发天良，誓死为爱国之运动；倘能继长增高，其将来收效之伟大且久远者，可无疑也。吾党欲收革命之成功，必有赖于思想之变化，兵法'攻心'，语曰'革心'，皆此之故。故此种新文化运动，实为最有价值之事。"（《孙中山选集》上卷，第429页）

　　毛泽东说："二十年前的五四运动，表现中国反帝反封建的资产阶级民主革命已经发展到了一个新阶段。五四运动成为文化革新运动，不过是中国反帝反封建的资产阶级民主革命的一种表现形式。由于那个时期新的社会力量的生长和发展，使中国反帝反封建的资产阶级民主革命出现一个壮大了的阵营，这就是中国的工人阶级、学生群众和新兴的民族资产阶级所组成的阵营。而在'五四'时期，英勇地出现于运动先头的则有数十万的学生。这是五四运动比较辛亥革命进了一步的地方。"（《五四运动》，《毛泽东选集》第二卷，第 522 页）

这是现代革命时期两大革命的领袖对于新文化运动的评价。孙中山着重于新文化运动的内容，用"攻心""革心"两个词汇说明新文化运动的作用。毛泽东从阶级斗争的观点，用反帝反封两个概念说明新文化运动的作用。这两方面联合起来，就是新文化运动的全面的历史意义。

本书第六册已经指出，第一次鸦片战争以后，当时的进步人物都承认必须"以夷为师"。"师夷之长技以制夷"，就是说，要向西方学习，学习西方的长处，以抵制西方。但是，什么是西方的长处，各个时期的人有深浅程度不同的认识。首先有人认为，要学习西方的兵器；其次有人认为，要学习西方的宗教（太平天国）；再有人认为，要学习西方的工业（洋务派）；也有人认为，要学习西方的政治（戊戌维新派）。旧民主主义革命家提出要进行更全面的革命，更全面地向西方学习，但没有成功。新文化运动提出西方的长处是文化，要废除中国传统的旧文化，代之以西方的新文化，这就比以前的认识更深刻，革命更彻底了。

所谓"文化"是很广泛的，有物质、精神两方面，包括一个社会的经济基础和上层建筑。一般地用起来，这个名词偏重于精神方面，偏重于一个社会的上层建筑。如意识形态、风俗习惯、思想学术、生活方式、宗教信仰等方面，所以孙中山称这方面的革命为"攻心""革心"。

新文化运动把新文化的要点归结为两件事：民主与科学。民主，并不是专指一种社会制度，而是一种人生态度和人与人的关系；科学，并不是指一种学问，而是一种思想方法。新文化运动讲到这里，可以说是把西方的长处认识透了，把向西方学习说到家了。它所要求的实际上是一种比较彻底的思想改造，要求人们把封建主义世界观和人生观改变为资产阶级的世界观和人生观，这就是所谓"攻心"与"革心"的真实意义。

蔡元培所以能成为新文化运动的创始人，是因为他已经对于这种转变有了相当充分的认识。

第二节　蔡元培论世界观与人生观

蔡元培早在 1912 年在德国留学的时候，就写了一篇文章，题为《世界观与人生观》。这篇文章的内容，不是泛论世界观与人生观，而是专讲一种世界观与人生观，这就是他自己的世界观与人生观，至少也是他所认为正确的世界观与人生观。

文章开头说："世界无涯涘也，而吾人乃于其中占有数尺之地位，世界无终始也，而吾人乃于其中占有数十年之寿命；世界之迁流，如是其繁变也，而吾人乃于其中占有少许之历史。以吾人之一生较之世界，其大小久暂之相去，既不可以数量计；而吾人一生，又决不能有几微遁出于世界以外。"（《世界观与人生观》，《蔡元培全集》第二卷，第 288 页。以下简称《全集》）蔡元培所说的世界就是宇宙。宇宙是一切事物的总体，它是无限的，无始无终的，包罗万象的。和宇宙比起来，人是渺小不足道的。但人是宇宙的一部分，人和宇宙的关系，是部分和全体的关系。

蔡元培在德国受了叔本华的影响，认为宇宙的本体是意志，意志是宇宙和人生的根本动力，并以这种观点作为新的人生态度的理论根据。照这个理论，作为宇宙本体的意志，没有目标，所以称为"盲瞀的意志"。在这个大意志的推动下，宇宙及其间的事物都不断地向前发展，这就是进化。蔡元培一下子就转入了进化史，这是那篇文章的主题。

文章在下文讲到由植物、动物进化到人类的过程。讲到人类的时候，文章说："及进而为人类，则由家庭而宗族、而社会、而国家、而国际。其互相关系之形式，既日趋于博大，而成绩所留，随举一端，皆有自阂而通、自别而同之趋势。例如昔之工艺，自造之而自用之耳。今则一人之所享受，不知经若干人之手而后成。一人之所操作，不知供若干人之利用。昔之知识，取材于乡土志耳。今则自然界之记录，无远弗届。远之星体之运行，小之原子之变化，皆为科学所管领。"（《世界观与人生观》，《全集》第二卷，第289页）

蔡元培所举的工艺之例，正是西方近代经济由自然经济转入商品经济的过程。在商品经济中，人与人的关系似乎是比自然经济中人与人的关系疏远了，其实是更密切了。从封建主义宗法的观点看，资本主义中的人"六亲不认"；从经济方面看，人与人的关系却更密切了，人与人之间更不能不互相依赖。在半工业化的城市中，如果发电厂停电了，人们会感到不方便；在完全工业化的城市中，如果停了电，人简直就无法生活。

文章引《老子》第八十一章中关于理想社会的说法之后，批评说："此皆以目前之幸福言之也。自进化史考之，则人类精神之趋势，乃适与相反。人满之患，虽自昔借为口实，而自昔探险新地者，率生于好奇心，而非为饥寒所迫。南北极苦寒之所，未必于吾侪生活有直接利用之资料，而冒险探极者踵相接。由椎轮而大辂，由桴槎而方舟，足以济不通矣；乃必进而为汽车、汽船及自动车之属。近则飞艇、飞机，更为竞争之的。其构造之初，必有若干之试验者供其牺牲，而初不以及身之不及利用而生悔。文学家、美术家最高尚之著作，被崇拜者或在死后，而初不以及身之不得信用而辍业。用以知：为将来牺牲现在者，又人类之通性也。"接着又历举近代科学、技术的进步，并预测"循是以往，必有菽粟如水火之一日，使人类不复为口腹所累，而得专致力于精神之修养"。并得出结论："进化史所以诏吾人者：人类之义务，为群伦不为小己，为将来不为现在，为精神之愉快而非为体魄之享受，固已彰明而较著矣。"（《世界观与人生观》，《全集》第二卷，第290页）这个结论所说的正是一种新的人生态度和人与人之间的关系。

蔡元培在文章之末批评了"世之误读进化史者"。自从严复把赫胥黎的《天演论》引入中国以后，"天演竞争，优胜劣败"，弱肉强食，适者生存，成为人们的常识，称为天演公例。很有些人把这些"公例"应用于社会。赫胥黎本来也有这种倾向。照这样的说法，在国际社会中，强国侵略弱国，帝国主义掠夺殖民地，就是合乎天演公例的。照这样讲，达尔文主义就成为社会达尔文主义了。蔡元培在这篇文章中所说的"种姓"问题，就是这个问题。所谓"种姓"，就是民族。帝国主义就是为了扩张自己的民族而侵略，甚至灭亡弱小民族的。蔡元培含蓄地批判了社会达尔文主义的"弱肉强食"的理论。他指出，照进化史的趋势看起来，人类的前途是合作，不是竞争："是犹同舟共济，非合力不足以达彼岸，乃强有力者以进行为多事，而劫他人所持之棹楫以为己有，岂非颠倒之尤者乎。"（《世界观与人生观》，《全集》第二卷，第 291 页）。

　　蔡元培在这篇文章里以进化为主题，但他只讲进化史，不讲进化论，更不讲达尔文主义，这也可能是因为达尔文主义可以引申为社会达尔文主义，但还有更深一点的道理。进化史是客观的事实，达尔文主义是一家的学说。科学的研究只能以客观的事实为根据，不可以某一学派的一家之言为根据，这是科学的基本精神，也是科学的思想方法。

第三节　蔡元培与新文化运动

蔡元培于 1917 年到北京大学担任校长。一到任，他就本着上面所说的那篇文章的精神，施行了一系列的措施。这些措施实际上是为新文化运动创造条件，开辟道路。那一篇文章的精神，可以说是新文化运动的思想基础。当时的北京大学是全国的最高学府，对于全国的思想界、知识界、教育界，有无形的领导权威，这是新文化运动的政治基础。蔡元培当北大校长，可以说"有其德"又"有其位"。他在北大就职后，首先聘任陈独秀为文科学长，把当时有名望的思想家聚集在北大，以北大为他们的讲学基地，以北大的讲堂为他们宣传的讲坛。蔡元培在这样的思想基础和政治基础上，着手改造北京大学，同时也创始了新文化运动。

北京大学的前身是戊戌变法时期的京师大学堂。戊戌变法失败，"新政"多被撤销，京师大学堂幸免。辛亥革命后，民国的临时政府成立，蔡元培任教育总长。南北统一，临时政府迁到北京，他继续任教育总长。在总长任内，他改组京师大学堂为北京大学，并任命严复为校长。改组之事，当是他和严复共同商定的。

京师大学堂的组织还是半封建性质的，其中设有经科，每一儒家的经典，都独立为一门（一系），如：易经门、诗经门等等。改组后的北京大学废除经科，把儒家的经典分配入文、史、哲等门。

蔡元培于1917年1月到北大就任校长时，发表了一篇就职演说，向学生提出了三点要求，即"三事"。其中二事比较重要。

他说："一曰抱定宗旨……大学者，研究高深学问者也。外人每指摘本校之腐败，以求学于此者，皆有做官发财思想，故毕业预科者，多入法科，入文科者甚少，入理科者尤少，盖以法科为干禄之终南捷径也。因做官心热，对于教员，则不问其学问之浅深，唯问其官阶之大小。官阶大者，特别欢迎，盖为将来毕业有人提携也。"（《就任北京大学校长之演说》，《全集》第三卷，第5页）当时科举虽废，但社会上的人们仍以看待"科举"的眼光看待新设的学校。科举本来是封建统治者选拔官僚的考试制度，考试取得的资格，称为功名；全国最高考试及格所取得的功名，称为"进士"。当时的人们认为京师大学堂既然是全国最高学校，它的毕业生应该相当于"进士"了；在京师大学堂上学的学生自然都是待中的"进士"，候补的官僚；京师大学堂就是一个官僚养成所。京师大学堂虽然改组为北京大学，但学生们的这种思想并没有改变。蔡元培的演说所说第一事，就是要改变这种思想。

学生们既自命为候补的官僚，也就预先要过当时官僚的腐败生活；他们虽尚未成为官僚，但已学会了腐败官僚的生活方式。蔡元培演说中所说的第二事，就是要改变这一点。

蔡元培的演说强调："大学者，研究高深学问者也。"就是说，大学并不是官僚养成所，也不像各种专门学校那样教人以某种谋生技能；大学不讲升官发财之道，而讲知识，是研究或传授高深学问的地方。在这个地方，学问是主体。有没有学问，是衡量一切价值的最高标准。大学的教授，应该是某一门高深学问的权威，他们应该领导大学。本着这个意思，蔡元培在北大推行了一系列的措施，当时人称之为"学术第一""教授治校""讲学自由""兼容并包"，其中尤以"兼容并包"为当时人们所注意。所谓"兼容并包"，就是聘请教授只问其学术上的成就，不管其政见如何。"兼容并包"为的是"讲学自由"；离开"讲学自由"，"兼容并包"就没有意义了。在一个历史过渡时期，"兼容并包"可能是为旧的东西保留地盘，也可能是为新的东西开辟道路。蔡元培的"兼容并包"是后者，不是前者。这一点，学生们在看见他发布陈独秀为文科学长的布告时，就完全明白了，社会上的人也全明白了。

后来胡适发表《中国古代哲学史大纲》，蔡元培为其写了一篇长序，向社会推荐。新文化运动提倡白话文，桐城派文学家林纾表示反对，蔡元培发表致林纾的公开信，为白话文辩护，这就更表明了他本人的立场。

在蔡元培的领导和鼓舞下，北大的学风大变，各方面都动起来了，尤以出版刊物为活跃。教师们出版了《新青年》，学生们出版了《新潮》，师生之间，并驾齐驱，互相支援。蔡元培的号召好比一声春雷，起到惊蛰的作用。随之而来的就是百花齐放、百家争鸣的局面。

蔡元培在几个月之内，就把一个死气沉沉的官僚养成所，改造成为一个生龙活虎般的近代大学。学生还是那些学生，可是他们都好像变成了新人。清朝诗人龚自珍有一首诗说："九州生气恃风雷，万马齐暗究可哀。我劝天公重抖擞，不拘一格降人材。"（《己亥杂诗》第125首）其实，无论何时何地，人才都是不少的，要看教育他们的人怎样培养他们，指导他们。从这个意义上说，蔡元培是一个大教育家。他没有专门著作讲他的教育思想，但是他在北大的一切措施，就是他的教育思想的实践。他的思想，不仅改造了北大，而且开创了新文化运动。

当时正是军阀混战、全国黑暗的时候，蔡元培所领导的新北大的出现，好像一座灯塔，使全国的人们看见了光明，认识了前途，看清了道路，获得了希望。全国风起云涌，互相呼应，这就是震撼全社会、移风易俗的新文化运动。它不仅范围广大，而且发展迅猛，一两年之间就达到了高潮，那就是1919年的五四运动。新文化运动是一个总名，五四运动是它的高潮。现在，这两个名称常被互用，而实际上是有区别的。

胡适曾经转述美国哲学家杜威的话说："拿世界各国的大学校长来比较一下，牛津、剑桥、巴黎、柏林、哈佛、哥伦比亚等等，这些校长中，在某些学科上有卓越贡献的，固不乏其人；但是，以一个校长身份，而能领导那所大学对一个民族、一个时代起到转折作用的，除蔡元培而外，恐怕找不出第二个。"（据高平叔《蔡元培改革北京大学》，见1987年第二期《群言》杂志）杜威的论断是中肯的。我还要附加一句：岂但在并世大学校长中没有第二个，在全中国历代的教育家中也没有第二个。

由这个意义说，蔡元培不是一个普通的教育家，而是一个大教育家。

第四节　蔡元培的哲学观

蔡元培的《简易哲学纲要》是德国哲学家文德尔班的《哲学入门》的意译本。但据该书的《凡例》说，其自序和结论是蔡元培自己的见解。自序说："哲学是人类思想的产物，思想起于怀疑，因怀疑而求解答，所以有种种假定的学说。普通人都有怀疑的时候，但往往听到一种说明，就深信不疑，算是已经解决了。一经哲学家考察，觉得普通人所认为业经解决的，其中还大有疑点；于是提出种种问题来，再求解答。要是这些哲学家有了各种解答了，他们的信徒认为不成问题了，然而又有些哲学家看出其中又大有疑点，又提出种种问题来，又求解答。有从前以为不成问题而后来成为问题的；有从前以为是简单问题，而后来成为复杂问题的。初以为解答愈多，问题愈少，哪知道问题反随解答而增加。几千年来，这样的递推下来，所以有今日哲学界的状况。从今以后，又照样的递推下去，又不知道要发展到怎样？这一半是要归功于文化渐进的成效；一半要归功于大哲学家的天才。"（《全集》第四卷，第389页）蔡元培用这一段话说明了哲学的性质。哲学只能对于宇宙人生各方面发生疑问，提出问题。哲学天才并不能解释疑问，解决问题；而只能引出新疑问，提出新问题。一部哲学史就是一大堆疑问和问题。疑问和问题不是越来越少，而是越来越多。这样的哲学有什么用处呢？对于这个问题，王国维有一个回答，蔡元培同意这个回答。

蔡元培有《五十年来中国之哲学》一文，这篇论文实际上是一篇中国现代哲学史。他指出，中国现代哲学的主要部分是西方哲学的引入。引入英国经验学派的主要哲学家是严复，引入欧洲大陆理性学派的主要哲学家是王国维。《中国哲学史新编》第六册也正是这样说的。因为本册中有蔡元培的专章，所以第六册中没有提蔡元培。蔡元培也是引入欧洲大陆理性学派的一个主要哲学家。在引入中，蔡元培和王国维一样，也是着重于康德和叔本华，也是着重于他们的美学思想，并且以之为基础，建立自己的美学学说。他对于王国维的美学思想的评价是很高的。他说："王氏介绍叔本华与尼采的学说，固然很能扼要；他对于哲学的观察，也不是同时人所能及的。彼作《论哲学家与美术家之天职》一篇，说：'天下有最神圣最尊贵而无与于当世之用者，哲学与美术是已。天下之人，嚣然谓之曰"无用"，无损于哲学美术之价值也。至为此学者，自忘其神圣之位置，而求以合当世之用，于是二者之价值失……且夫世之所谓有用者，孰有过于政治家实业家者乎？世人喜言功用，吾姑以功用言。夫人之所以异于禽兽者，岂不以其有纯粹之知识，与微妙之感情哉？至于生活之欲，人与禽兽无以或异。后者，政治家及实业家之所供给。前者之慰藉满足，非求诸哲学及美术不可。就其所贡献于人之事业言之，其性质之贵贱，固以殊矣。至于其功效之所及言之，则哲学家与美术家之事业，虽千载以下，四海以外，苟其所发明之真理（哲学）与其所表之记号（美术）之尚存，则人类之知识感情，由此而得其满足慰藉者，曾无以异于昔。而政治家及实业家之事业，其及于五世、十世者希矣。此久暂之别也。然则人而无所贡献于哲学、美术，斯亦已耳。苟为真正之哲学家、美术家，又何慊乎政治家哉？'"（《全集》第四卷，第359页）王国维指出人类所以异于禽兽者，在其能有"纯粹之知识"和"微妙之感情"。前者表现为哲学，后者表现为美术。蔡元培摘录了王国维这一段话，表示他们二人的见解是相同的。

王国维又作《教育偶感》四则，其中有《大学及优级师范学校之削除哲学科》一则，说明哲学的性质及意义。蔡元培在《五十年来中国之哲学》一文中，也作了摘录。据他的摘录，王国维说："抑吾阅叔本华之言曰：'大学之哲学，真理之敌也，真正之哲学，不存于大学。哲学惟恃独立之研究，始得发达耳。'……且宇宙人生之事实，随处可观，而其思索，以自己为贵。"哲学并不需要什么特别资料，它不过是对于"随处可观"的宇宙人生之事实的体会和了解，也就是说，是对于生活的体会和了解。这种体会和了解是哲学家所亲自得到的，并不是从道听途说中得来的。大学中的哲学课，都是讲别人的体会和了解，所以是"真理之敌也"。蔡元培在文中摘录了王国维这些话，表示他的见解和王国维是一致的。

在《简易哲学纲要》的结论中，蔡元培对比了哲学和宗教，他说："哲学自疑入，而宗教自信入。哲学主进化，而宗教主保守。哲学主自动，而宗教主受动。哲学上的信仰，是研究的结果，而又永留有批评的机会；宗教上的信仰，是不许有研究与批评的态度，所以哲学与宗教是不相容的。世人或以哲学为偏于求真方面，因而疑情意方面，不能不借宗教的补充；实则哲学本统有知情意三方面，自成系统，不假外求的。"（《全集》第四卷，第462页）在哲学与宗教的对比中，蔡元培简明扼要地肯定了哲学，批判了宗教。

第五节　蔡元培的美学思想

　　在哲学的各部门中，蔡元培贡献最大的是美学。他指出：在美学中有两个主要的主义，一个是自然主义，一个是理想主义。"理想主义，是要求艺术超过实体的。"怎样超过呢？蔡元培说："与自然派最相反对的，是理想派。在理想派哲学上，本来有一种假定，就是万物的后面，还有一种超官能的实在；就是这个世界不是全从现象构成，还有一种理性的实体。美学家用这个假定作为美学的立足点，就从美与舒适的差别上进行。在美感的经历上，一定有一种对象与一个感受这对象的'我'，在官觉上相接触而后起一种快感。但是这种经历，是一切快感所同具的。我们叫做美的，一定于这种从官能上传递而发生愉快的关系以外，还有一点特别的；而这个一定也是对象所映照的状况。所以美术的意义，并不是摹拟一个实物；在实在把很深的实在，贡献在官能上；而美的意义，是把'绝对'现成可以观照的形式，把'无穷'现在'有穷'上，把理想现在有界的影相上。普通经验上的物象，对于他所根据的理想，只能为不完全的表示；而美术是把实在完全呈露出来。这一派学说上所说的理想，实在不外乎一种客观的普通的概念，但是把这个概念返在观照上而后见得是美。他的概念，不是思想的抽象，而是理想所本有的。"（《美学的趋向》，《全集》第四卷，第108页）

譬如一幅画马的画，人们可以评价说："这幅画的马，真像一匹自然的马。"其实真正大艺术家所画的马，不是真像一匹自然的马，而是比自然的马更像马，其所以如此，是因为"美术的意义，并不是摹拟一个实物；而实在把很深的实在，贡献于官能上"。大画家在画马的时候，当然要根据于自然的马；但是画出来的马比自然的马更像马。这就是所谓"出于自然、高于自然"。

一件艺术作品所表现的总是一个形象，不是一个公式；是具体的，不是抽象的；它的来源是直观，不是推理。一个大画家所画的马，总要表现马的特点，这些特点是画家的直观所得，并不是用归纳法推论出来的。归纳法的推论可能得出一个科学的公式，不可能得出一个艺术的形象。公式化或抽象化是艺术的大忌。任何艺术作品一有了这些，便不成其为艺术了。蔡元培用"观照"二字表示直观的意义。一面镜子反映一个事物，只是如实地反映出它的形象，不杂一点概念或公式。这个问题就是王国维的《人间词话》所讨论的"隔"与"不隔"的问题。一个诗人凭其直观所得，当下即脱口而出，便成名句，这就是"不隔"；如果加工为概念或公式，那就是"隔"了。（参看本书第六册第六十九章）

蔡元培对于自然主义有所肯定，也有所批评，对于理想主义则作了大段的扼要中肯的发挥，可见他的美学思想也是理想主义的，他自己也是一个理想派。他在叙述自己的世界观与人生观时说："科学者，所以祛现象世界之障碍，而引致于光明。美术者，所以写本体世界之现象，而提醒其觉性。"（《世界观与人生观》，《全集》第二卷，第290页）可以证明此点。

蔡元培也作了一个艺术与宗教的对比，他本来说宗教的根据是信仰，每一种宗教都认为它这一教的信仰是绝对真理，其他宗教信仰都是不可容许的异端邪说。每一种宗教都企图把人类社会统一于它的教义之下，其结果是在人类社会中制造分裂，以致引起战争，自相残杀。艺术就不是这样。蔡元培说："鉴激刺感情之弊，而专尚陶养感情之术，则莫如舍宗教而易以纯粹之美育。纯粹之美育，所以陶养吾人之感情，使有高尚纯洁之习惯，而使人我之见、利己损人之思念，以渐消沮者也。盖以美为普遍性，决无人我差别之见能参入其中。食物之入我口者，不能兼果他人之腹；衣服之在我身者，不能兼供他人之温，以其非普遍性也。美则不然。即如北京左近之西山，我游之，人亦游之；我无损于人，人亦无损于我也。隔千里兮共明月，我与人均不得而私之。中央公园之花石，农事实验场之水木，人人得而赏之……美以普遍性之故，不复有人我之关系，遂亦不能有利害之关系。马牛，人之所利用者，而戴嵩所画之牛，韩干所画之马，决无对之而作服乘之想者。狮虎，人之所畏也，而卢沟桥之石狮，神虎桥之石虎，决无对之而生搏噬之恐者。植物之花，所以成实也，而吾人赏花，决非作果实可食之想。善歌之鸟，恒非食品。灿烂之蛇，多含毒液。而以审美之观念对之，其价值自若……盖美之超绝实际也如是……要之，美学之中，其大别为都丽之美，崇闳之美（日本人译言优美、壮美）。而附丽于崇闳之悲剧、附丽于都丽之滑稽，皆足以破人我之见，去利害得失之计较，则其所以陶养性灵，使之日进于高尚者，固已足矣。又何取乎侈言阴骘，攻击异派之宗教，以刺激人心，而使之渐丧其纯粹之美感为耶？"（《以美育代宗教说》，《全集》第三卷，第33～34页）一个真正能审美的人，于欣赏一个大艺术家的作品时，会深入其境，一切人我之分，利害之见，都消灭了，觉得天地万物都是浑然一体，人们称这种经验为神秘经验。这是一种最高的精神境界。一般的人固然不能得到这种经验，达到这种境界，但也可以于审美之中陶冶感情，"使有高尚纯洁之习惯"，这是艺术的社会作用。所以，蔡元培主张"以美育代宗教"，这是他的美学思想的一个重要原则。

这个主张是蔡元培在当时一个学术团体演说中提出来的。这篇演说词的文本刊登在《新青年》第三卷第八号，也被采入"新潮社"出版的《蔡子民先生言行录》，可见这篇文章的重要性。

蔡元培认为，每一种文化的精神文明都有四个主要成分：宗教、科学、哲学、艺术。随着人类知识的进步，宗教的影响越来越小，艺术的影响越来越大。一些不明社会进步真相的人，见西方在中世纪时宗教统治一切，误以为中国也要建立宗教。他们不知西方的现代化是在反对宗教的斗争中产生出来的。中国要现代化，不是要建立宗教，而是要提倡艺术，就是要以美育代宗教。这是蔡元培为新文化运动指出的一条正确的道路，也是蔡元培为中国建设新文化提出的重要建议。

第四章

新文化运动的右翼
——胡适、梁漱溟

第一节　新文化运动内部的派别

　　现代革命时期有两次革命，第一次是旧民主主义革命，第二次是新民主主义革命。这两次革命在时间上是有先后的，但是，第二次革命的初期和第一次革命的末期，在时间上是交叉的。在交叉时期，两个革命势力有联合和合作，其在政治上的表现是第一次国共合作，其在文化上的表现是新文化运动。

　　新文化运动是由两个革命势力发动起来的，所以在一开始，内部就有两个主要派别。其间主要的不同，在于承认或不承认帝国主义的侵略是中国贫穷落后的一个主要原因，接受或不接受马克思主义为政治上和学术上的指导思想。承认和接受的一派是新文化运动的左翼，不承认、不接受的一派是新文化运动的右翼。

　　陈独秀说："五四运动，是中国现代社会发展之必然的产物，无论是功是罪，都不应该专归到那几个人；可是蔡先生、适之和我，乃是当时在思想言论上负主要责任的人。"（《蔡孑民先生逝世后感言》，《蔡元培先生纪念集》，第 71 页）陈独秀的这段话，说的正是新文化运动内部的左翼和右翼。他自己是左翼，胡适是右翼，蔡元培兼容并包，对于左、右两翼一视同仁地为他们创造条件，开辟道路。

由蔡元培的这种态度，人们会想到他是调和妥协、和稀泥；其实，并不是这样。这样的调和妥协，必定出现在左、右两翼之后，然后才能取而调和妥协之；必定先有"稀泥"，然后才能取而"和"之。调和妥协的出发点是别人的意见，而不是客观事实，一开始就落在第二乘，这就没有什么意义了。在新文化运动中，蔡元培的地位出现在左翼、右翼之前，而居于其上，这就说明他的作用不是调和妥协、和稀泥。上面所引陈独秀的那段话的上文说："一般的说来，蔡先生乃是一位无可无不可的老好人；然有时有关大节的事或是他已下决心的事，都很偏强的坚持着，不肯通融，虽然态度还很温和，这是他老先生可令人佩服的第一点。""无可无不可的老好人"正是调和妥协、和稀泥的人，蔡元培在表面上似乎是这样的人，其实，他是有原则的。遇到有关原则的事，他坚持原则，决不调和妥协，不管不同的意见是从左或从右来的。

第二节　胡适引进美国哲学——实验主义

胡适（1891～1962）字适之，安徽省绩溪县人。1910年到美国留学，先在康乃尔大学农学院学习，1912年转至该校文学院。1915年9月至1917年5月进入哥伦比亚大学哲学系学习，该系系主任为杜威。1917年通过博士学位考试。回国后，任北京大学教授，参加新文化运动。抗日战争期间任中国驻美大使，1946年回国，任北京大学校长。1948年北平解放前夕，离职往南京，后往美国，1958年到台湾，任"中央研究院"院长。著有《中国哲学史大纲》卷上，《胡适文存》一、二、三集，《四十自述》，《胡适文选》，《胡适论学近著》一、二集等。

在引进西方近代哲学到中国的工作中，严复是引进英国经验派的首要人物，王国维和蔡元培是引进欧洲大陆派理性主义的首要人物。其时，美国哲学尚在萌芽，还不能独树一帜，自立门户。胡适在美国留学时，这些萌芽已经发展成熟，可以称为美国哲学了。胡适适逢其会，就成为引进美国哲学到中国的首要人物。美国哲学的主流，就是实用主义，亦称实验主义，这是英国经验派发展的一个支流。胡适有一篇文章：《五十年来之世界哲学》，说明美国哲学的起源及其在当时世界哲学中的地位。

在这篇文章中，胡适着重指出达尔文的《物种由来》在哲学上的意义。他说："达尔文的主要观念是：'物类起于自然的选择，起于生存竞争里最适宜的种族的保存。'他的几部书，都只是用无数的证据与事例来证明这一个大原则。在哲学史上，这个观念是一个革命的观念。"（《胡适文存》二集卷二，第233页）"达尔文不但证明'类'是变的，而且指出'类'所以变的道理。这个思想上的大革命，在哲学上有几种重要的影响。最明显的是打破了有意志的天帝观念。"（《胡适文存》二集卷二，第234～235页）在这段话的前面，胡适曾引用1859年《物种由来》刚出版之际，赫胥黎在《泰晤士报》上作"书评"的最后一节，说："达尔文先生最忌空想，就同自然最怕虚空一样（'自然最怕虚空'Nature abhors a vacuum. 乃是谚语）。他搜求事例的殷勤，就同一个宪法学者搜求例案一样。他提出的原则，都可以用观察与实验来证明的。他要我们跟着走的路，不是一条用理想的蜘蛛网丝织成的云路，乃是一条用事实砌成的大桥。那么，这条桥可以使我们渡过许多知识界的陷坑：可以引我们到一个所在，那个所在没有那些妖艳动人而不生育的魔女——叫做最后之因的——设下的陷人坑。"（《胡适文存》二集卷二，第231～232页）胡适在此文的第六部分中指出："许多哲学史家都不提起赫胥黎，这是大错的。他们只认得那些奥妙的'哲学家的问题'，不认得那惊天动地的'人的问题'！如果他们稍有一点历史眼光，他们应该知道二千五百年的思想史上，没有一次的思想革命比 1860～1890 年的思想革命更激烈的。一部哲学史里,康德占四十页。而达尔文只有一个名字,而赫胥黎连名字都没有,那是决不能使我心服的。"(《胡适文存》二集卷二,第 271 页)胡适的这篇文章,就是一部现代世界哲学史。在他的这部哲学史里,他把达尔文和赫胥黎推到他们应有的高度,把他们的地位推到应有的高度,这是哲学史工作中的一个大进步。

据胡适说:"美国人莱特(Wright)要想把达尔文的学说和一般的哲学研究,连贯起来。这个莱特在美国康桥办了一个'玄学会',这个会便是实验主义的发源之地。"(《胡适文存》二集卷二,第 246页)美国人本来是从英国移民到这个新大陆的。他们来的时候,也带来了旧大陆的思想。土生土长的美国哲学是实验主义。实验主义的出发点是想"把达尔文的学说和一般的哲学研究连贯起来"。实验主义的第一代创始人是皮尔士,第二代创始人是詹姆士,他们和达尔文的学说有一脉相传的联系。这个"一脉"是什么呢?他们自己没有说,胡适也没有说。我认为,这个"一脉"就是"适者生存"那个原则。达尔文只是把这个原则应用到生物学,实验主义则把这个原则推广到观念上,指出人类观念也有适或不适的问题。胡适引皮尔士的话说:"一个观念的意义完全在那观念在人生行为上所发生的效果。凡试验不出什么效果来的东西,必定不能影响人生行为。所以我们如果能完全求出承认某种观念时有那么些效果,不承认他时又有那么些效果,如此我们就是这个观念的完全意义了。除掉这些效果之外,更无别种意义。这就是我所主张的实验主义。"(《胡适文存》二集卷二,第 246～247 页)这就是说,有意义的观念是"适者",无意义的观念是"不适者"。无意义的观念用不着说,说了也是白说，等于废话。胡适也解释说："他（指皮尔士）这一段话的意思是说，一切有意义的思想都会发生实际上的效果。这种效果便是那思想的意义。若问那思想有无意义或有什么意义，只消求出那思想能发生何种实际的效果；只消问若承认他时有什么效果，若不承认他时又有什么效果。若不论认他或不认他，都不发生什么影响，都没有实际上的分别，那就可说：这个思想全无意义，不过胡说的废话。"（《胡适文存》二集卷二，第 247 页）

实验主义第二代创始人是詹姆士，他是一个心理学家，有一部哲学著作是《信仰的心愿》，就是讨论观念的"适"或"不适"的问题的。他承认观念的"适"或"不适"决定于"有意义"或"无意义"，不过，他不泛论一般的观点，而只限于一个观念，上帝的观念。科学家们不承认上帝的存在，因为宗教家们不能"拿证据来"，赫胥黎的"存疑主义"就是科学家们的思想的代表。詹姆士认为这也不能一概而论，对于科学家们和相信科学的人们，"上帝"这个观念固然没有什么意义，但对于有些人们，这个观念还是有意义的。譬如，宗教家们和相信宗教的人们，觉得如果他们相信"上帝"的存在，他们就可以得到上帝的保佑，平安、愉快，这就是"上帝"这个观念对于他们的意义。对于他们，"上帝"这个观念就是"适者"，而非"不适者"。这个"适"或"不适"的标准，就不是客观的事物，而是主观的心愿。照这个说法，宗教和科学可以并行不悖，人们可以各照着自己的心愿，走他们自己认为有意义的路。这是詹姆士对于宗教的让步。在科学和宗教的对立与斗争中，詹姆士想用一种"和稀泥"的办法调和折衷。胡适也批评说："实验主义本来是一种方法，一种评判观念与信仰的方法；到了詹姆士手里，

方法变松了，有时不免成了一种辩护信仰的方法了。"(《胡适文存》二集卷二，第257页）

实验主义第三代创始人，也是奠基者，是杜威。据胡适说："杜威把詹姆士论实验主义的话，总括起来，作为实验主义的三个意义：第一，实验主义是一种方法；第二，是一种真理论；第三，是一种实在论。"杜威引詹姆士的话来说明这三种意义如下："（1）方法论。詹姆士总论实验主义的方法是'要把注意之点从最先的物事移到最后的物事；从通则移到事实，从范畴移到效果。'（2）真理论。'凡真理都是我们能消化受用的；能考验的，能用旁证证明的，能稽核查实的。凡假的都是不能如此的。''如果一个观念能把我们一部分的经验引渡到别一部分的经验，连贯的满意，办理的妥贴，把复杂的变简单了，把烦难的变容易了。——如果这个观念能做到这步田地，他便"真"到这步田地，便含有那么多的真理。'（3）实在论。'理性主义以为实在（Reality）是现成的，永远完全的；实验主义以为实在还在制造之中，将来造到什么样子便是什么样子。''实在好比一块大理石到了我们手里，由我们雕成什么像。'"（《胡适文存》二集卷二，第258～259页）

本节在上文说，实验主义的目的是评论观念的"适"或"不适"。这个看法，正可以说明杜威所提的这三点。他指出实验主义是方法论，其内容就是评论观念的"适"与"不适"。"适"与"不适"，以什么为标准呢？这就把问题推到第二点和第三点。经过杜威的说明，詹姆士就不仅是一种信仰的辩护人，而确切是实验主义的第二代创始人。

杜威最着重的第一点，是说实验主义是一种方法。他把这种方法的应用分析为三点："（甲）用来规定事物（Objects）的意义，（乙）用来规定观念（Ideas）的意义，（丙）用来规定一切信仰的意义。"（《胡适文存》二集卷二，第269页）在这三个规定的过程中，某一观念、某一信仰的"适"或"不适"，就可以清楚地看出来了。

杜威有一部很流行的著作，名为《思维术》，胡适曾经把这部书作为一种逻辑学来宣传，其实，这并不是讲逻辑的书。照这部书的名字所表示的，它是讲人的一般思想的过程。照胡适的说明："凡是有条理的理想，大概都可以分作五步：（1）感觉困难；（2）寻出疑难所在；（3）暗示的涌现；（4）评判各种暗示的解决，假定一个最适用的解决；（5）证实（就是困难的解决）。"（《胡适文存》二集卷二，第263页）

杜威有一部哲学著作，题为《哲学的改造》，胡适引了这部书的一大段以后，解释说："经验的活用，就是理性，就是智慧，此外更没有什么别的理性。人遇到困难时，他自然要寻求应付的方法，当此时候，他的过去的经验知识里，应需要的征召，涌出一些暗示的意思来。经验好像一个检查官，用当前的需要做标准，一项一项的把这些暗示都审查过，把那些不相干的都发放回去，单留下一个最中用的；再用当前的需要做试金石，叫那个留下的假设去实地试验，用试验的成败定他的价值。这一长串连贯的作用，——从感觉困难到解决困难，——都只是经验的活用。若说'既有作用，必还有一个作用者'，于是去建立一个主持经验的理性：那就是为宇宙建立一个主宰宇宙的上帝的故智了！"（《胡适文存》二集卷二，第268～269页）一个哲学思想的发展过程，也正如人们的普通的思想的发展过程，开始于经验，终于经验。从开始到终结，就是经验的自我完善、自我提高。

胡适又引了杜威在《创造的智慧》中的一段话，并解释说："杜威觉得哲学史上有许多问题都是哲学家作茧自缚的问题，本来就不成问题。现在更用不着解决了。我们只好'不了了之'。他（杜威）说：'如果哲学不弄那些"哲学家的问题"了，如果哲学变成解决"人的问题"的哲学方法了，那时候便是哲学光复的日子到了。'"（《胡适文存》二集卷二，第270页）

照胡适所解释的，杜威的哲学思想是一种极端的经验主义。照这个说法，人的思想和行动都限于他的经验之内，在他的经验之外，是不是还有一个独立的客观的世界，那是一个无法回答的问题。所以，也就不必问了，不成问题了。杜威用这个标准评论传统的哲学观念，看其"适"或"不适"，那就发现大多数是"不适"的，现在用不着讨论了。这就是他的哲学改造的中心思想。

胡适的哲学思想并没有出乎杜威之外，也没有重要的发挥，他的工作主要是把杜威的哲学思想引入中国。

胡适说："我的思想受两个人的影响最大：一个是赫胥黎，一个是杜威先生。"（《胡适文选》，第3页）他于杜威之外，又提到赫胥黎，这倒是把他自己的思想同中国哲学史的发展联系起来了。本书第六册讲到严复翻译赫胥黎的《天演论》，少年的胡适正处在这部书在中国发生很大影响的时期，当时的知识分子都知道"优胜劣败""适者生存"的"天演公例"，胡适的名字正是从这个"公例"得来的。

对于实验主义，胡适又作了一个总结。他说：杜威先生"只给了我们一个哲学方法，使我们用这个方法去解决我们自己的特别问题。他的哲学方法，总名叫做'实验主义'；分开来可作两步说：（1）历史的方法——'祖孙的方法'。他从来不把一个制度或学说看做一个孤立的东西，总把他看做一个中段：一头是他所以发生的原因，一头是他自己发生的效果；上头有他的祖父，下面有他的子孙。捉住了这两头，他再也逃不出去了！这个方法的应用，一方面是很忠厚宽恕的，因为他处处指出一个制度或学说所以发生的原因，指出他的历史的背景，故能了解他在历史上占的地位与价值，故不致有过分的苛责。一方面，这个方法又是最严厉的，最带有革命性质的，因为他处处拿一个学说或制度所发生的结果来评判他本身的价值，故最公平，又最厉害。这种方法是一切带有评判（Critical）精神的运动的一个重要武器。（2）实验的方法……"。关于"实验的方法"上面已经讲了很多，不重复了。

第三节　胡适的实验主义的应用

　　1917 年，新文化运动发动了，胡适应蔡元培、陈独秀的邀请，回国任北京大学文科哲学门教授。新文化运动的一个主要课题是评论封建文化中的一些观念，看其"适"或"不适"于新时代的需要。用当时的话说，是对于它们重新估价。评论必须有一个方法，一个工具。美国的实验主义正是自命为一种这样的方法，这样的工具。胡适适逢其会，带来了实验主义，这就如英雄有了用武之地，可以大加应用了。

　　关于这一点，胡适是很自觉的。他说："据我个人的观察，新思潮的根本意义只是一种新态度。这种新态度可叫做'评判的态度'。评判的态度，简单说来，只是凡事要重新分别一个好不好。仔细说来，评判的态度含有几种特别的要求：（1）对于习俗相传下来的制度风俗，要问：'这种制度现在还有存在的价值吗？'（2）对于古代遗传下来的圣贤教训，要问：'这句话在今日还是不错吗？'（3）对于社会上糊涂公认的行为与信仰，都要问：'大家公认的，就不会错了吗？人家这样做，我也该这样做吗？难道没有别样的做法比这个更好，更有理，更有益的吗？'尼采说现今时代是一个'重新估定一切价值'的时代。'重新估定一切价值'八个字便是评判的态度的最好解释。"（《新思潮的意义》，《胡适文选》，第57页）。他所说的"新思潮"，就是新文化运动；他所说的"评判的态度"，就是把"适者生存"的"天演公例"应用到传统的观念，看其是否是"适者"，是的就保存，不是的就抛弃。

他的第一个功效卓著的应用，表现为《中国古代哲学史大纲》。他在美国哥伦比亚大学的博士论文是《中国古代哲学方法》，本来是讲中国古代哲学的。他到北大后，又补充了一些资料，用中文写出来，便成为《中国古代哲学史大纲》了。他先以讲义的形式在校内发表，1918年又公开发表。蔡元培为这部书写了一篇长序，向社会推荐。蔡序认为这部书有四种特长，其第二种是"扼要的手段"，第三种是"平等的眼光"。蔡元培极力赞赏胡适的这种手段和眼光，却没有说出它们是从何而来，也没有说出它们的历史意义。所谓"扼要的手段"的意义是批判了封建文化中的"贵古"的观念。这个观念认为事情越古越好，讲中国哲学史要从三皇五帝讲起。胡适以前，在北大讲中国哲学史的教授，讲了半年，才讲到周公。胡适讲中国哲学史则从"老子"讲起，以前的三皇五帝、文王、周公都不提了。这不仅是扼要，更重要的是否定了封建传统文化中的"贵古"的观念。所谓"平等的眼光"的意义，是批判了封建社会中的"正统"的观念。中国封建文化以孔丘的儒家为学术思想的正统，其他的派别都是异端邪说，旁门外道。"平等的眼光"对于一切派别的学术思想都一视同仁，这就否定了封建传统文化中的正统观念。

蔡序所说的第一种特长是"证明的方法"，其主要内容是考实一个哲学家生存的时代，辨别其遗著的真伪。以后，胡适把这个方法应用到中国文学史和所谓"国学方面"，做了大量的工作，有很多的贡献；但这对于哲学没有直接的关系，所以本书就不论了。

蔡元培所说的第四种特长，是"系统的研究"，是说明胡适用西方近代历史学的方法讲中国哲学史。当时中国学术界研究哲学史的方法，是黄宗羲《宋元学案》的方法。中国哲学没有形式上的系统，哲学史家的工作，首先是要把某一哲学家的思想的实质系统整理出一个形式的系统，黄宗羲的学案在这一方面做了一些工作。但基本上仍然只是一种编排史料的工作。胡适的《中国古代哲学史大纲》，确实是为中国古代哲学家的实质系统加上了一个形式的系统。虽然其所加的未必全对，但在中国学术界，则是别开生面的。

胡适这部书的写作形式，在当时说，也有特别之处。在封建社会中，儒家的经典被认为是最高的真理，后来的著作则被认为是经典的注解，以注疏的形式发表出来。在形式上，经典的原文是正文，用大字顶格写出；注疏是注解，用小字低一格写出。胡适的哲学史则与此相反。他以自己的话为正文，用大字顶格写出；所引的经典著作，以小字低一格写出。这也是上面所说的两个否定的表现。因为这部书在内容形式上，都使人耳目一新，所以这部书一出来就风行一时，在学术界和社会上引起轰动。

蔡序希望胡适"努力进行，由上古而中古，而近世，编成一部完全的《中国哲学史大纲》"。这也是当时社会所希望的。以后胡适又断断续续地写了一些片断。这些片断还能继续蔡序所说第一和第四两种特长。至于第二、第三两种特长就无法继续了。这是因为时代变了，新文化运动对于哲学史工作的要求也不同了。中国现代史发展很快，旧民主主义和新民主主义两个革命，在时间上交叉起来了。这个交叉，在政治上就形成为第一次国共合作；在文化上，形成为新文化运动。随着形势的发展，新文化运动也在发展。它需要对于封建传统文化中的一些观念有更新的估价、更新的评论、更深刻的批判。胡适还停留在原来水平上，就显得落后了。新文化运动左、右两翼的分化，也越来越明显，胡适自然就成为右翼了。

本章上文说过，左翼和右翼的分别，在于承认或不承认帝国主义的压迫和剥削是中国所以贫穷、落后的一个主要原因，在于接受或不接受马克思主义为中国革命的指导思想。胡适正是在这两点上成为右翼的。

胡适认为，中国之所以贫穷、落后，完全是由于自己的错误，不承认如果没有帝国主义的束缚，中国完全可能自发地进入资本主义社会。他要求中国人完全承认自己的错误，不要把错误推到别人身上。他说："我们全不肯认错。不肯认错，便事事责人，而不肯责己。我们到今日还迷信口号标语可以打倒帝国主义。我们到今日还迷信不学无术可以统治国家。我们到今日还不肯低头去学人家治人富国的组织与方法。所以我说，今日第一要务是要选一种新的心理：要肯认错，要大彻大悟地承认我们自己百不如人。"（《请大家来照照镜子》，《胡适文选》，第 188 页）

在这段话里，有一句似乎是文不对题。问题是有没有帝国主义，中国革命要不要打倒帝国主义。标语、口号是一种宣传工具。如果真有帝国主义，中国革命就是要打倒帝国主义，那就得用标语、口号以宣传。胡适不从正面回答这个问题，只是举以为例，以说明中国人"事事责人，而不肯责己"。由此可见胡适拒绝承认帝国主义的侵略和压迫是中国贫穷落后的一个主要原因。

胡适说："从前陈独秀先生曾说实验主义和辩证法的唯物史观是近代两个最重要的思想方法，他希望这两种方法能合作一条联合战线，这个希望是错误的。辩证法出于海格尔的哲学，是生物进化论成立以前的玄学方法。实验主义是生物进化论出世以后的科学方法。这两种方法所以根本不相容，只是因为中间隔了一层达尔文主义。达尔文的生物演化学说，给了我们一个大教训：就是教我们明了生物进化，无论是自然的演变，或是人为的选择，都由于一点一滴的变异，所以是一种很复杂的现象，决没有一个简单的目的地可以一步跳到，更不会有一步跳到之后可以一成不变。辩证法的哲学本来也是生物学发达以前的一种进化理论；依他本身的理论，这个一正一反相毁相成的阶段应该永远不断地呈现。但狭义的共产主义者却似乎忘了这个原则，所以武断的虚悬一个共产共有的理想境界，以为可以用阶级斗争的方法一蹴即到，既到之后又可以用一阶级专政方法把持不变。这样的化复杂为简单，这样的根本否定演变的继续，便是十足的达尔文以前的武断思想，比那顽固的海格尔更顽固了。"（《介绍我自己的思想》，《胡适文选》，第3～4页）胡适的这一段话，牵涉到很多哲学上、政治上的问题，说来话长，此处没有说的必要，也就不必说了。有一点是明确的，那就是胡适不接受马克思主义作为中国革命的指导思想。

旧民主主义革命反封而不反帝，胡适的思想没有超出这个范围。在新文化运动中，他是一个反封的中间人物。但在新文化运动进入了反帝的阶段，他就成为右翼了。

第四节　梁漱溟对于新文化运动的态度

梁漱溟（1893～1988），原名焕鼎，字寿铭，广西桂林人，生于官僚家庭，从青年时期就开始从事哲学创作。蔡元培很赏识他的一篇论文，聘任他到北京大学文科中国哲学门任教。其时新文化运动在北大已经开始，对于学术问题，特别是关于文化的问题，各家各派讨论热烈。梁漱溟作为其中的一家，积极参加讨论。1924年辞离北大，作为社会活动家，主张"乡村自治"，主办"村治学院"，主编《村治月刊》。著有《东西文化及其哲学》《印度哲学概论》《中国文化要义》《人心与人生》等。其中的代表作是《东西文化及其哲学》。

梁漱溟充分承认文化问题，特别是东西文化的问题，在当时的重要性和紧迫性，但他认为要讨论这些问题，首先要明确什么是文化，什么是东西文化。他认为当时很多人都在谈文化和东西文化，但对于文化和东西文化究竟是什么，并没有明确了解。他举了一个例子：有一次蔡元培和几位教授要到欧美去，教职员开欢送会，梁漱溟说:"那时候我记得有几位演说,他们所说的话大半都带一点希望这几位先生将中国的文化带到欧美而将西洋文化带回来的意思。我当时听到他们几位都有此种言论,于是我就问大家:'你们方才对于蔡先生同别位先生的希望是大家所同的,但是我很想知道大家所谓将中国文化带到西方去是带什么东西呢?西方文化我姑且不问——而所谓中国文化究竟何所指呢?'当时的人却都没有话回答。及至散会后,陶孟和先生同胡适之先生笑着对我说:'你所提出的问题很好,但是天气很热,大家不好用思想。'我举此例就是证明大家喜欢说好听、门面、虚伪的话。如果不晓得中国文化是什么,又何必说他呢!如将'中国文化'当作单单是空空洞洞的名词而毫无意义,那么,他们所说的完全是虚伪,完全是应酬!非常无味,非常要不得!"(《东西文化及其哲学》,1987 年 2 月商务影印本,第 1~2 页)当时社会上有一班人空谈文化问题,梁漱溟在欢送会上所提出的问题,也就是他要向这一班人提出的。陶、胡两人一方面肯定梁漱溟所提出的问题,一方面又幽默地为那一班人做了解嘲。

梁漱溟也充分地认识到新文化运动的必要性和进步性。他指出:中国到了 19 世纪中叶,才开始认真地考虑向西方学习。他们认为所谓船坚炮利、声、光、化、电,都是可以枝枝节节学来的。好像一盆花草,可以随便搬来搬去,事实证明不行。戊戌变法又加上政治上的改革,事实证明也不行。"于是大家乃有更进一步的觉悟,以为政治的改革仍是枝叶,还有更根本的问题在后头。假使不从更根本的地方做起,则所有种种做法都是不中用的,乃至所有西洋文化都不能领受接纳的。此种觉悟的时期很难显明的划分出来,而稍微显著的一点,不能不算新青年陈独秀他们几位先生。他们的意思要想将种种枝叶抛开，直截了当去求最后的根本。所谓根本就是整个的西方文化——是整个文化不相同的问题。如果单采用此种政治制度是不成功的，须根本的通盘换过才可。而最根本的就是伦理思想——人生哲学——所以陈先生在他所作的《吾人之最后觉悟》一文中以为种种改革通用不着，现在觉得最根本的在伦理思想。对此种根本所在不能改革，则所有改革皆无效用。到了这时才发现了西方化的根本的所在，中国不单火炮、铁甲、声、光、化、电、政治制度不及西方，乃至道德都不对的！这是两方问题接触最后不能不问到的一点，我们也不能不叹服陈先生头脑的明利！因为大家对于两种文化的不同都容易麻糊。而陈先生很能认清其不同，并且见到西方化是整个的东西，不能枝枝节节零碎来看！这时候因为有此种觉悟，大家提倡此时最应做的莫过于思想之改革——文化运动。经他们几位提倡了四五年，将风气开辟，于是大家都以为现在最要紧的是思想之改革——文化运动——不是政治的问题。"（《东西文化及其哲学》，1987 年 2 月商务影印本，第 5～6 页）

在这段话里，梁漱溟简明扼要地说出了新文化运动的历史意义。他指出：自从中国认真地向西方学习以来的一个大进步，是经过多年的摸索，最后算是知道了问题之所在，摸着一条正路了。为了对这个问题作进一步研究，梁漱溟开始回答他在北大欢送会上所提出的那些问题。在新文化运动的高潮中，他的回答以讲演的形式发表出来，《东西文化及其哲学》那部书，就是那个讲演的记录。这是他参加新文化运动的一个活动。

梁漱溟对于新文化运动的态度，第一是赞成，第二是参加活动。对于陈独秀、胡适等新文化运动的领导人来说，他的活动是别树一帜的。但是，这个"一帜"是新文化运动内部的"一帜"，不是新文化运动以外的对立面。他不如陈、胡的影响大，但还是新文化运动的一个人物。他所认识的中国和西方诸国的关系，只是弱国和强国的关系，没有认识到这是帝国主义和殖民地的关系；他也反对马克思主义的唯物史观，所以，虽然是新文化运动中的一个人物，但是它的右翼。

第五节　梁漱溟对于孔丘的新估价及其对于儒家的新解释

　　新文化运动对于孔丘和儒家思想完全否定，称孔丘为"孔老二"，儒家为"孔家店"。当时流行的口号是"打倒孔老二"，"打倒孔家店"。梁漱溟的别树一帜，就是不同于这种态度。他认为，当时所有的批评都是就社会制度、道德伦理说的，这些都是外部东西。孔丘和儒家思想的中心，并不在这里，其中心是一种人生态度和生活方式。梁漱溟说："孔子从那形而上学（指《周易》的形而上学）所得的另一道理，他对这个问题就是告诉你最好不要操心。你根本错误就在找个道理打量计算着去走，若是打量计算着去走，就调和也不对，不调和也不对，无论怎样都不对；你不打量计算着去走，就通通对了。人自然会走对的路，原不须你操心打量的。遇事他便当下随感而应，这随感而应，通是对的，要于外求对，是没有的。我们人的生活便是流行之体，他自然走他那最对、最妥帖、最适当的路。他那遇事而感而应，就是个变化，这个变化自要得中，自要调和，所以其所应无不恰好。"（《东西文化及其哲学》，1987 年 2 月商务影印本，第 125 页）不打量计算，随感而应，就是直观。

梁漱溟认为，这种态度和方式，就是孔丘和儒家所说的"仁"。他说："此敏锐的直觉，就是孔子所谓仁。""儒家完全要听凭直觉，所以唯一重要的就在直觉敏锐明利；而唯一怕的就在直觉迟钝麻疲。所有的恶，都由于直觉麻疲，更无别的原故，所以孔子教人就是'求仁'。人类所有的一切诸德，本无不出自此直觉，即无不出自孔子所谓"仁"，所以一个'仁'就将种种美德都可代表了。而对于"仁"的说法，可以种种不一，此孔子答弟子问"仁"各个不同之所由来也。大家见他没有一定的说法，就以为是一个空荡荡理想的好名称了。"又说："仁就是本能，情感，直觉……在直觉、情感作用盛的时候，理智就退伏；理智起了的时候，总是直觉、情感平下去；所以二者很有相违的倾向。孔子说：'刚毅木讷近仁'，又说'巧言令色鲜矣仁'，我们都可以看出这仁与不仁的分别。""仁之重要意味，则为宋明家所最喜说而我们所最难懂的'无欲'……欲念多动一分，直觉就多钝一分；乱动的时候，直觉就钝得到了极点，这个人就要不得了……仁初非甚高不可攀企之物也。然而仁又高不可穷，故虽颜子之贤只能三月不违，其余只能日月至，而人以诸弟子之仁否为问，孔子皆不许其仁；乃至孔子亦自云：'若圣与仁则吾岂敢。'曾子说：'士不可以不弘毅，仁以为己任不亦重乎？死而后已不亦远乎？'可见仁是顶大的工程，所有的事没有大过它的了；而儒家教人亦唯要作此一事，一事而无不事矣。"（《东西文化及其哲学》，1987 年 2 月商务影印本，第 126 ～ 130 页）

这是梁漱溟思想中的哲学部分。宋明道学中本有程朱和陆王两派。梁漱溟的哲学思想是陆王派所本有的，但梁漱溟是"接着"陆王讲的，不是"照着"陆王讲的。上面所引的梁漱溟的几大段话，其根本意思是陆王所本有的，但以前陆王派中没有哪一家讲得这样清楚明白。从不清楚明白到清楚明白，这就是发展，发展就是进步。梁漱溟比以前的陆王派进了一步。

梁漱溟又补充说："大约孔子是极平实的一个人，于高深玄远之理似都不肯说的。""与此相连有中庸之一义，我们略加说明以为讲孔家之结束。这与开头所叙不认定的态度也是相连，因为都是对外面看的一个回省。我们在以前专发挥孔子尚直觉之一义。这也应有一个补订——非常重要的补订。譬如纯任直觉则——所得俱是表示，初无无表示之一义；无表示之义，盖离开当下之表示，有一回省而后得之者；此离开当下而回省者，是有意识的、理智的活动。孔子差不多常常如此，不直接任一个直觉，而为一往一返的两个直觉；此一返为回省时附于理智的直觉。又如好恶皆为一个直觉，若直接任这一个直觉而走下去，很容易偏，有时且非常危险，于是最好自己有一个回省，回省时仍不外诉之直觉，这样便有个救济。《大学》所谓'毋自欺'，实为孔家方法所在，但此处不及细讲；又如孔子之作礼乐，其非任听情感，而为回省的用理智调理情感，既甚明了。然孔子尚有最著明说出用理智之处，则此中庸之说是也。你看他说'道之不行也，我知之矣，贤者过之，不肖者不及也；道之不明也，我知之矣，智者过之，愚者不及也'又说舜执其两端而用中；又说'极高明而道中庸'这明明于直觉的自然求中之外，更以理智有一种拣择的求中。双，调和，平衡，中，都是孔家的根本思想；所以他的办法始终着眼在这上头，他不走单的路，而走双的路；单就怕偏了，双则得一调和，平衡。这双的路可以表示如下：（一）

似可说是由乎内的，一任直觉的，直对前境的，自然流行而求中的，只是一往的；（二）似可说是兼顾外的，兼用理智的，离开前境的，有所拣择而求中的，一往一返的。像墨家的兼爱，佛家的慈悲，殆皆任情所至，不知自返，都是所谓贤者过之；而不肖者的纵欲不返，也都是一任直觉的。所以必不可只走前一路，致因性之所偏而益偏；而要以'格物''慎独''毋自欺'为之先，为之本，即是第二路；《中庸》上说过慎独，才说到中和者此也。更须时时有一个执两用中、极高明而道中庸的意思，照看外边以自省，免致为'贤者之过'。《中庸》之说实专对贤者与高明人而发者也。此走第二路之尤为显著者矣。亦唯如此走双路而后合乎他的根本道理。"（《东西文化及其哲学》，1987 年 2 月商务影印本，第 143 ～ 144 页）

　　梁漱溟的"补订"很重要。他不但注重直觉，而且注重理智。所谓"双的路"，就是直觉与理智并行的路。

第六节　梁漱溟的文化论

梁漱溟认为，所谓"文化"就是一个民族的人生态度和生活方式，其范围是极广泛的。当时有一种流行的看法，认为西方文化是物质文明，东方文化是精神文明。梁漱溟指出，这种看法是错误的。无论哪一种民族的文化，都有它的物质文明，也都有它的精神文明。在这一点上，梁漱溟和胡适是一致的。

梁漱溟认为，每一个民族的文化都有一个哲学作为中心和基础。这个哲学就是这个民族的人生态度。一个民族的文化，包括一切生活方式，都是从这个中心发出来，在这个基础上建立起来的。梁漱溟认为，人生的本质就像叔本华所说的"意欲"，人生的态度就是对于"意欲"的态度。各民族的态度不同，其生活方式也不同，也就是说，其所走的路不同。有三条可能有的路。第一条是向前奋斗，以求得"意欲"的满足。西方从古希腊起，就走上了第一条路，经过中世纪的一段波折到近代，又开始更认真地走这条路，这就是西方的近代文化。他同意陈独秀的看法，认为西方近代文化的特点是

"民主"与"科学"。他补充说，这就是向前奋斗的路。科学是向自然奋斗，以征服自然；民主是向社会的传统势力奋斗，以求从传统势力的束缚下解放出来。第二条路是"意欲"的自我调整，使其要求适可而止，调和折中，随遇而安，这就是中国文化的路。第三条路是限制或消灭"意欲"，使其无所要求，不向前奋斗，而向后退却，这是印度文化的路。梁漱溟认为，这三条路的本身，并无好坏可言，可言者是看某一民族的文化能否应付它所处的环境，解决它当时的问题。从这个标准看，中国和印度的文化是不合时宜的。中国人和印度人不等第一条路走完，就转入第二条和第三条路，这就是文化"早熟"。其所以"早熟"，是因为这两个民族所出的天才太大了，他们看得太远了，于是过早地提出了他们的人生态度和生活方式。

梁漱溟认为，历史上已经出现了代表这三条路的三种文化，这是人类文化史的自然的衍变，自发的发展。人类文化总是从第一条路出发的，在这条路上，人们逐渐认识到"意欲"的要求有些是绝对不能满足的。例如：人都怕死，而死是绝对不可避免的。有些生活方式，总是要出毛病的。当人确切认识到这些问题的时候，第一条路就走到尽头，人们就要选择新的路了。路只有那三条，这样的选择，就成为三条路线的"重现"。这个"重现"是自觉的，而不是自发的。

梁漱溟认为，在第一条路走到尽头之后，人们的选择必然是第二条路，因为它是和第一条路最相近的，不是像第三条路那样，和第一条路正相反对。梁漱溟认为："世界未来文化就是中国文化的复兴，有似希腊文化在近世的复兴那样。"（《东西文化及其哲学》，1987 年 2 月商务影印本，第 199 页）又说："所以中国文化复兴之后，将继之以印度文化复兴，于是古文明之希腊、中国、印度三派，竟于三期间次第重现一遭。"（《东西文化及其哲学》，1987 年 2 月商务影印本，第 200 页）不过，重现和原来的出现有所不同，原来的出现是不自觉的，后来的重现是自觉的。

梁漱溟的三种路线的说法，作为一种泛论提出来，未尝不可自成一说。若和古希腊、中国、印度联系起来，那就不是泛论，而是讲历史了。讲历史必须有足够的史料，在这一点上梁漱溟则嫌不足。至于所谓世界未来文化，那就更是臆测推论了。其推论的前提也是没有根据的。走第一条路的人是不会认为这条路会有尽头的。以向前奋斗为人生态度的人们，无论在什么情况下，都是再接再厉，日新又新。

以中国而论，从第一次鸦片战争以后，中国开始向西方学习，所谓船坚炮利，声、光、化、电，以至立宪、革命，其根本意义就是向西方文化学习。这个根本意义，到了新文化运动，才明确地点出来，才明显地提出：要学习西方近代的人生态度和生活方式。这就是对于梁漱溟所说的三种路线明确地做了选择。梁漱溟承认这个选择是正确的。他说："第一，要排斥印度的态度，丝毫不能容留；第二，对于西方文化是全盘承受，而根本改过，就是对其态度要改一改；第三，批评的把中国原来态度重新拿出来。"（《东西文化及其哲学》，1987 年 2 月商务影印本，第 202 页）

梁漱溟所说的这三条，其第一、第二两条和新文化运动的左翼是一致的。特别是第二条所主张的"全盘承受"，从文字上看，简直就是全盘西化了，但他又强调"根本改过，就是对其态度要改一改"。梁漱溟是把这个问题和他所说的三种人生态度——三种文化路线联系起来讲的，这是他的特别之处。在这一点上，梁漱溟的思想比较复杂，有必要简单地说明一下。

当时正是第一次世界大战刚结束之际。有些西方人由于对战争的厌倦，发出厌倦西方文化、向东方学习的言论，中国的新文化运动则主张向西方学习。从表面上看，好像是东西两方在互相学习。梁漱溟认为，这两方学习，实际上有层次的不同。西方向东方学习，是三条路线的重现。西方已经把第一条路走到尽头，不能再往前走了，所以，自然地要转到第二条路。中国没有把第一条路走完，就转到第二条路，所以，原来的中国文化是早熟。现在，要转回来向西方学习，这是"补课"。好像两班学生，西方这一班是按部就班地升级，中国这一班是跳班升级。因为跳班，有些课程没有学，所以要补课。缺的课是不能不补的，梁漱溟说："照我们历次所说，我们东方文化其本身都没有什么是非好坏可说，或什么不及西方之处；所有的不好不对，所有的不及人家之一点，就在步骤凌乱，成熟太早，不合时宜。并非这态度不对，是这态度拿出太早不对，这是我们唯一致误所由。我们不待抵抗得天行，就不去走征服自然的路，所以至今还每要见厄于自然。我们不待有我就去讲无我，不待个性伸展就去讲屈己让人，所以至今也未曾得从种种威权底下解放出来。我们不待理智条达，就去崇尚那非论理的精神，就专好用直觉，所以至今思想也不得清明，学术也都无眉目。并且从这种态度就根本停顿了进步，自其文化开发之初到它数千年之后，也没有什么两样。它再也不能回头补走第一路，也不能往下去走第三路；假使没有外力进门，环境不变，它会要长此终古！"（《东西文化及其哲学》，1987 年 2 月商务影印本，第 202 ～ 203 页）所以必须要补课，把还没有走完的第一条路走到尽头。梁漱溟认为，到了那个时候，中国自然就会转到第二条路，同世界上其他民族共同进入未来的文化，那就是第二条路线在世界范围内重现，也就是孔丘的儒家哲学在世界范围内复兴。梁漱溟也认为这是将来的事。在现阶段中，中国必须补课，必须向西方学习，要老老实实地学，全心全意地学。新文化运动就是这样学的表现，所以是正确的，也是必要的。

话说到这里，应该就完了，但梁漱溟在他的书中又加了一段，题目是《我提出的态度》。他说："我要提出的态度便是孔子之所谓'刚'……我今所要求的，不过是要大家往前动作，而此动作最好要发于直接的情感，而非出自欲望的计虑。孔子说："枨也欲，焉得刚"，大约欲和刚都像是很勇的往前活动；却是一则内里充实有力，而一则全是假的——不充实，假有力；一则其动为自内里发出，一则其动为向外逐去……要求自由，不是计算自由有多大好处便宜而要求，是感觉着不自由的不可安而要求的。"（《东西文化及其哲学》，1987 年 2 月商务影印本，第 211～212 页）

从中国哲学史看，梁漱溟的这段话接触到儒家哲学的基本问题。在宋朝，王安石和道学家们都主张变法，也都主张变法要以《周礼》为蓝图，可是道学家和王安石互相反对，不能合作。其根本分歧在于：道学家认为，主张变法的人必须从至诚恻怛之心出发，而不可从计算功利之心出发。他们认为，没有至诚恻怛之心的人，是不能行周公之法的。梁漱溟所说的"不自由的不可安"，就是一种至诚恻怛之心。孔丘、孟轲所说的义利之辨，朱熹、陈亮所辩论的王霸之辨，都是这个问题。上面所引的那一段话就是梁漱溟紧接着儒家的传统而讲的。他没有提到义利之辨和王霸之辨，这没有关系，这可以说明他是接着讲的，不是照着讲的。

第五章

新文化运动的左翼

——陈独秀、李大钊

陈独秀（1879～1942），原名庆同，字仲甫，安徽省怀宁县（今属安庆）人。生于知识分子家庭，受过封建教育，17岁（1896）考中秀才。1902年去日本，在中国留学生中组织爱国团体"中国青年会"，不久被遣送回国，旋又两度赴日。1915年夏再从日本回国，在上海创办《青年杂志》，从第二卷起改名《新青年》。1917年初，受北京大学校长蔡元培之聘，任北大文科学长（文学院长），《新青年》也改在北京发行，成为新文化运动的指导刊物；1920年又成为各地共产主义组织的机关刊物。1921年，中国共产党成立，他被选为中央局书记。1922年9月，在他主持下，创办了中国共产党的机关刊物《向导》。《青年杂志》《新青年》和《向导》是新文化运动中最有权威的刊物。这三种刊物出现的次第，就是新文化运动发展的过程。

　　在国民革命军将近完全胜利、北洋军阀将被消灭之际，发生了一个问题：中国是否可以不经过资本主义阶段而直接进入社会主义？对于这个问题，陈独秀和共产党其他领导人有不同看法。陈独秀认为，资本主义是社会进化的一个必经的阶段。北洋军阀消灭以后，共产党应该让国民党单独执政，让它建设资本主义社会；经过一段过程，中国才能建设社会主义社会。共产党广大党员想不通，认为这是于革命即将胜利之际，取消革命。1929 年 11 月，中共中央政治局决定开除陈独秀党籍。陈独秀的思想被称为"右倾机会主义""取消主义"，后又被称为"托洛茨基主义"。

共产党对于陈独秀的态度是严厉的，国民党对他不宽容，1932 年，又在上海逮捕了他，并判处他十三年徒刑；抗战爆发后，国民党以共同抗战相号召，陈独秀被释放，但仍处于被监视之下。1942 年，病殁于四川江津。

陈独秀的思想，散见于发表在各刊物的论文中，三联书店出版有《陈独秀文章选编》，上海人民出版社出版有《陈独秀著作选》等。

第一节　陈独秀论新的人生态度和生活方式

在《青年杂志》创刊号中，陈独秀发表了一篇开宗明义的文章，题为《敬告青年》。在上章我们说过，新文化运动的内容是提出一种新的人生态度和生活方式，陈独秀的这篇文章所说的正是这个内容。文章开头说："窃以少年老成，中国称人之语也；年长而勿衰，英美人相勖之辞也；此亦东西民族涉想不同现象趋异之一端钦？青年如初春，如朝日，如百卉之萌动，如利刃之新发于硎，人生最可宝贵之时期也。青年之于社会，犹新鲜活泼细胞之在人身。新陈代谢，陈腐朽败者无时不在天然淘汰之途，与新鲜活泼者以空间之位置及时间之生命。人身遵新陈代谢之道则健康，陈腐朽败之细胞充塞人身则人身死；社会遵新陈代谢之道则隆盛，陈腐朽败之分子充塞社会则社会亡。"（《陈独秀文章选编》上册，三联书店，第 73 页）这里所说的"涉想"，就是人生态度；所谓"现象"，就是文化方面的表现，陈独秀说这是东西民族不同之一端。照这篇文章的下文看，陈独秀是要说：这是东西民族不同的主要原因。陈独秀没有用"主要原因"这四个字，而且用一种不十分肯定的口气把话说出来，这是他的谦虚。

陈独秀提出六义，以为青年的指导。六义是："自主的而非奴隶的""进步的而非保守的""进取的而非退隐的""世界的而非锁国的""实利的而非虚文的""科学的而非想像的"。（《陈独秀文章选编》上册，第 73 ～ 78 页）

陈独秀这篇文章，对于每一义，都有大段说明。在最后一义的说明中，陈独秀说："近代欧洲之所以优越他族者，科学之兴，其功不在人权说下，若舟车之有两轮焉。今且日新月异，举凡一事之兴，一物之细，罔不诉之科学法则，以定其得失从违，其效将使人间之思想云为，一遵理性，而迷信斩焉，而无知妄作之风息焉。国人而欲脱蒙昧时代，羞为浅化之民也，则急起直追，当以科学与人权并重。"又说："凡此无常识之思维，无理由之信仰，欲根治之，厥维科学。夫以科学说明真理，事事求诸证实，较之想像武断之所为，其步度诚缓；然其步步皆踏实地，不若幻想突飞者之终无寸进也。宇宙间之事理无穷，科学领土内之膏腴待辟者，正自广阔。青年勉乎哉。"（《陈独秀文章选编》上册，第 78 页）

陈独秀所说的"六义"，就是根据新的人生态度而来的生活方式。在"六义"中，他指出近代西方之所以超过东方，其根本的原因是西方重视人权与科学。他指出人权与科学是相辅而行，互相为用，如车之两轮。这就是后来新文化运动所高举的两面大旗："民主"与"科学"。

陈独秀的这篇文章，不仅为《青年杂志》开宗明义，也为新文化运动开宗明义。因为在此以前，讨论东西文化的人们，还没有人能这样明确地点出问题之所在，而加以这样简明扼要的说明。

陈独秀在《新青年》上发表了一篇文章，题为《人生真义》。在文章中，他设了两个问题："人生在世，究竟为的什么？究竟应该怎样？"这两个设问很扼要，第一个设问是关于人生态度的问题，第二个设问是关于生活方式的问题。他列举了古今中外许多哲学家、宗教家的答案，予以批驳，最后他说："我敢说道：个人生存的时候，当努力造成幸福，享受幸福；并且留在社会上，后来的个人也能够享受。递相授受，以至无穷。"（《陈独秀文章选编》上册，第240页）这几句话所说的，正是西方近代人们的人生态度和生活方式。陈独秀提出这几句话，开头用"我敢说道"四个字，并且在这几句话下面加上了"着重点"；他不用不很肯定的语气，而用十分肯定的语气，并且称之为"人生真义"，他从理论上说明这种人生态度和生活方式是正确的。

第二节　陈独秀论新文化运动的历史根源和
　　　　奋斗目标

　　陈独秀在《新青年》上又一篇文章，题为《吾人最后之觉悟》。文章开头说："人之生也必有死，固非为死而生，亦未可漠然断之曰为生而生。人之动作必有其的，其生也亦然。洞明此的，斯真吾人最后之觉悟也。"（《陈独秀文章选编》上册，第105页）下面又说："欧洲输入之文化，与吾华固有之文化，其根本性质极端相反。数百年来，吾国扰攘不安之象，其由此两种文化相触接相冲突者，盖十居八九。"（《陈独秀文章选编》上册，第105页）他从具体历史发展上，指出中国近代、现代社会的中心问题，是东西文化的交叉与矛盾。他指出，这个问题从明朝中叶已经开始了。其后，所牵涉到的范围越来越广，新旧的矛盾和斗争也越来越激烈。其过程，陈独秀分为六期。在六期中，中国人对于西方的认识愈来愈深刻，中国人的觉悟，越来越提高；但还不能解决中国的问题。陈独秀说："此等政治根本解决问题，不得不待诸第七期吾人最后之觉悟。"

　　陈独秀把"最后之觉悟"分为两个方面——"政治的觉悟"和

"伦理的觉悟"，而尤着重于后者。他说："吾敢断言曰：伦理的觉悟，为吾人之最后觉悟之最后觉悟。"（《陈独秀文章选编》上册，第 109 页）

当时进步的人们皆以孔丘为封建道德的象征，而要"打倒孔家店"，这属于伦理的觉悟之类。《新青年》发表这一类的文章很多，使社会上守旧的人们也都以此而反对《新青年》。陈独秀在《新青年》上发表了一篇《答辩书》，书中说："社会上非难本志的人，约分二种：一是爱护本志的，一是反对本志的……这第二种人对于本志的主张，是根本上立在反对的地位了。他们所非难本志的，无非是破坏孔教，破坏礼法，破坏国粹，破坏贞节，破坏旧伦理（忠、孝、节），破坏旧艺术（中国戏），破坏旧宗教（鬼神），破坏旧文学，破坏旧政治（特权人治）这几条罪案。这几条罪案，本社同人当然直认不讳。但是追本溯源，本社同人本来无罪，只因为拥护那德莫克拉西和赛因斯两位先生，才犯了这几条滔天的大罪。要拥护那德先生，便不得不反对孔教、礼法、贞节、旧伦理、旧政治。要拥护那赛先生，便不得不反对旧艺术、旧宗教。要拥护德先生又要拥护赛先生，便不得不反对国粹和旧文学。大家平心细想，本志除了拥护德、赛两先生之外，还有别项罪案没有呢？……西洋人因为拥护德、赛两先生，闹了多少事，流了多少血，德、赛两先生才渐渐从黑暗中把他们救出，引到光明世界。我们现在认定只有这两位先生，可以救治中国政治上、道德上、学术上、思想上一切的黑暗。若因为拥护这两位先生，一切政府的压迫，社会的攻击笑骂，就是断头流血，都不推辞。"（《〈新青年〉罪案之答辩书》，《陈独秀文章选编》上册，第 317 ～ 318 页）

所谓"德莫克拉西"和"赛因斯"，就是民主与科学。自从第一次鸦片战争失败以后，中国进步的人们，都知道要向西方学习，学习西方的长处，以抵制西方。但什么是西方的长处，各派的见解不同，好像瞎子摸象，各执一词，莫衷一是。到了新文化运动，才认识到西方的长处，千头万绪，归根到底是民主与科学。认识到底了，话也说到头了，这真是"最后觉悟之最后觉悟"。

　　民主与科学，是新文化运动奋斗的主要目标。除此之外，新文化运动还有许多别的目标。陈独秀还写了一篇文章，纠正了人们对于新文化运动的一些误解，并且勾画出理想社会的全幅蓝图。在一篇题为《新文化运动是什么？》的文章中，他说："宗教在旧文化中占很大的一部分，在新文化中也自然不能没有他。人类底行为动作，完全是因为外部的刺激，内部发生反应。有时外部虽有刺激，内部究竟反应不反应，反应取什么方法，知识固然可以居间指导，真正反应进行底司令，最大的部分还是本能上的感情冲动。利导本能上的感情冲动，叫他浓厚、真挚、高尚，知识上的理性，德义都不及美术、音乐、宗教底力量大。知识和本能倘不相并发达，不能算人间性完全发达。"（《陈独秀文章选编》上册，第513页）人们见新文化运动注重科学，便以为新文化运动专注重知识。陈独秀纠正说，在新文化中，宗教、文学、美术，也都是很重要的。他说："詹姆士不反对宗教，凡是在社会上有实际需要的实际主义者，都不应反对。因为社会上若还需要宗教，我们反对是无益的，只有提倡较好的宗教来供给这需要，来代替那较不好的宗教，才真是一件有益的事。罗素也不反对宗教，他预言将来须有一新宗教。我以为新宗教没有坚固的起信基础，除去旧宗教底传说的附会的非科学的迷信，就算是新宗教。有人嫌宗教是他力，请问扩充我们知识底学说，利导我们情感底美术、音乐，那一样免了他力？又有人以为宗教只有相对价值，没有绝对的价值，请问世界上什么东西有绝对价值？现在主张新文化运动的人，既不注意美术、音乐，又要反对宗教，不知道要把人类生活弄成一种什么机械的状况，这是完全不曾了解我们生活活动的本源，这是一桩大错，我就是首先认错的一个人。"（《陈独秀文章选编》上册，第513～514页）

人们见新文化运动反对旧道德，便以为它全盘否定旧社会的道德传统。陈独秀纠正说："我们不满意于旧道德，是因为孝悌底范围太狭了。说什么爱有等差，施及（当作'由'）亲始，未免太滑头了。就是达到他们人人亲其亲、长其长的理想世界，那时社会的纷争恐怕更加厉害；所以现代道德底理想，是要把家庭的孝悌扩充到全社会的友爱。现在有一班青年却误解了这个意思，他并没有将爱情扩充到社会上，他却打着新思想新家庭的旗帜，抛弃了他的慈爱的、可怜的老母。这种人岂不是误解了新文化运动的意思？因为新文化运动是主张教人把爱情扩充，不主张教人把爱情缩小。"（《陈独秀文章选编》上册，第514页）

人们见新文化运动主张白话文，反对旧文学，便以为它不要文学。陈独秀纠正说："通俗易解是新文学底一种要素，不是全体要素。现在欢迎白话文的人，大半只因为他通俗易解，主张白话文的人，也有许多只注意通俗易解。文学、美术、音乐，都是人类最高心情底表现，白话文若是只以通俗易解为止境，不注意文学的价值，那便只能算是通俗文，不配说是新文学，这也是新文化运动中一件容易误解的事。"（《陈独秀文章选编》上册，第514页）

陈独秀在这里指出"文学、美术、音乐，都是人类最高心情底表现"。他引蔡元培的话说："新文化运动莫忘了美育。"他在这篇文章中，用半诙谐、半讥讽的口气，举了许多例子。从这些例子中，可以看出，在他的蓝图中，他认为人类社会是一个能生能长的有机体，并不是一部无机的机器；作为一个社会成员的个人，也不是一部机器中的一个小零件，只能跟着机器转。人，是有说有笑，能歌能哭，有血有肉，能思能想的活生生的动物。这种动物，在知、情、意三方面的天赋才能，都应该予以全部的发展，其需要也都应该予以全部的满足。陈独秀认为，这是新文化运动的理想社会，也就是新文化运动的社会理想。

第三节　陈独秀对于当时社会各阶级的分析

陈独秀于 1923 年发表了一篇文章，题为《中国国民革命与社会各阶级》。文章开头说："人类经济政治大改造的革命有二种：一是宗法封建社会崩坏时，资产阶级的民主革命；一是资产阶级崩坏时，无产阶级的社会革命。此外又有一种特殊形式的革命，乃是殖民地或半殖民地的国民革命。国民革命含有对内的民主革命和对外的民族革命两个意义。"（《陈独秀文章选编》中册，第 362 页）他指出中国当时的革命，并不是单纯的资产阶级民主革命，也不是单纯的无产阶级的社会革命，而是国民革命。陈独秀说："殖民地的经济权政治权都完全操在宗主国之手，全民族之各阶级都在宗主国压迫之下，全民族各阶级共同起来谋政治经济之独立，这是殖民地国民革命的特有性质。半殖民地的经济权大部分操诸外人之手，政治权形式上大部分尚操诸本国贵族军阀之手，全国资产阶级无产阶级都在外国帝国主义者及本国贵族军阀压迫之下，有产无产两阶级共同起来，对外谋经济的独立，对内谋政治的自由，这是半殖民地国民革命的特有性质。"（《陈独秀文章选编》中册，第362页）这就是第一次国共合作的理论根据。第一次国共合作是列宁的特使所促成的。这一段理论，可能也是这位特使所带来的列宁的意思。无论如何，国民党和共产党是合作了。国民党提出了联俄、联共、扶助农工三大政策，共产党全部党员加入国民党，成为一个统一的革命党，称为中国国民党。这个党所领导的革命，称为国民革命；所组织的政府，称为国民政府；所建立的军队，称为国民革命军。这几个名称，除了国民党是原有外，其余的"国民"二字都不是随意加的，而是以上面所说的理论为根据的。

这个统一的党集中了中国当时的革命势力，得到了全国人民的支持。国民革命军从广东出师北伐，所向无敌，在很短的时间内，就占领了上海和武汉。国民革命军拟长驱北上，一举完成国民革命的大业。正在这一紧急关头，蒋介石叛变了，第一次国共合作分裂了，但蒋介石仍冒用国民革命旗帜，使国民政府定都南京，不彻底地消灭了北洋军阀，统一了全中国。国民革命的胜利是不真实的，正如辛亥革命的胜利是不真实的一样，但都标志着国民革命的两个段落。真实的革命仍然继续进行，但那是中国革命史的新篇章了。

当时中国的无产阶级是一个新出现的政治势力。陈独秀认为新兴的政治势力，必须和其他政治势力合作，才能壮大起来；当时的资产阶级，也必须和无产阶级合作，才能战胜它的敌人。

陈独秀说："辛亥革命本身的性质，是资产阶级的民主革命，而非民族革命，更非其他阶级的革命，这是如上文所述在经济的历史的观察上及革命的前因后果上可以充分说明的。但以革命运动中主要分子而论，却大部分不出于纯粹的资产阶级，而属于世家官宦堕落下来非阶级化之士的社会；这种非阶级化的'士'之浪漫的革命，不能得资产阶级亲密的同情，只可以说明辛亥以来革命困难不易完成的原因，不能以此说明它不是资产阶级的民主革命……观察过去及现在的革命运动，确是资产阶级的民主革命，而且我们也应该希望它能成功—实实在在的资产阶级的民主革命。因为依世界的政治状况及中国的经济文化状况和在国际的地位，资产阶级的民主革命正负着历史的使命，这是毫无疑义的。半殖民地的中国社会状况，既然需要一个资产阶级的民主革命，在这革命运动中，革命党便须取得资产阶级充分的援助；资产阶级的民主革命若失了资产阶级的援助，在革命事业中便没有阶级的意义和社会的基础，没有阶级意义和社会基础的革命，在革命运动中虽有一二伟大的人物主持，其结果只能造成这一二伟大人物的奇迹，必不能使社会组织变更，必没有一个阶级代替他一个阶级的力量，即或能够打倒现在统治阶级（北洋军阀），而没有真实力量牢固地占住他的地位，被打倒的阶级时时都有恢复故物之可能。因此，我们以为中国国民党应该明白觉悟负了中国历史上资产阶级民主革命的使命，在这革命运动中，不可有拒绝资产阶级之'左'倾的观念，我们对于这种'左'倾的观念，自然十分感佩，但是在目前革命事业上，这种浪漫的'左'倾，实是一个错误的观念；因为每个阶级的革命，都要建设在每个阶级的力量上面，决不是浪漫的'左'倾观念可以济事的。"（《资产阶级的革命与革命的资产阶级》，《选编》中册，第256～257页）

　　陈独秀不承认当时有人认为资产阶级是不革命的看法，他对于资产阶级是有分析的。他的分析与毛泽东后来所作的分析一样，认为有依附于帝国主义的买办资产阶级，有依附于封建军阀的官僚资产阶级，有民族资产阶级。前二者是不革命而且是反革命的，只有民族资产阶级才是陈独秀所说的"真正资产阶级"。陈独秀认为："真正资产阶级""以前非政治的态度，现在半和平半革命的态度，将来更趋向革命的态度，都不是他们主观上的意识决定的，乃是他们客观上的经济条件决定的。社会上每个阶级都有他阶级的利己心，他阶级的力量长养到非革命不能除去他发展之障碍时，他必然出于革命，愿意革命不愿意，始终没有这回事。"（《中国国民革命与社会各阶级》，《选编》中册，第364～365页）

陈独秀又指出，当时的包括知识分子和小工商业者的小资产阶级，也是革命的。他特别讲到知识分子，他说："小资产阶级的知识阶级，他本没有经济的基础，其实不能构成一个独立的阶级，因此他对于任何阶级的政治观念，都摇动不坚固，在任何阶级的革命运动中，他都做过不少革命的功劳，也做过不少反革命的罪恶。小资产阶级的中国，知识阶级特别发达，所谓居四民（士农工商）之首的士，有特殊的历史地位，他介在贵族与市民（农工商）间，恒依附贵族而操纵政权，所以有布衣卿相之说，其仕宦久而门阀高者，自身且成为贵族。他们在历史上操纵政权尤其有垄断教权的优越地位，比欧洲中世僧侣阶级有过之无不及。即以近事而论，在坏的方面：议员政客们都属士的阶级，没有强大的资产阶级来吸收他们，只得附属军阀作恶；在好的方面：戊戌前后的变法自强运动，辛亥革命运动，'五四'以来国民运动，几乎都是士的阶级独占之舞台。因西方文化输入之故，旧的士的阶级固然日渐退溃，而新的士的阶级却已代之而兴；现在及将来的国民运动，商人工人农民固然渐变为革命之主要的动力，而知识阶级（即士的阶级）中之革命分子，

在各阶级间连锁的作用，仍然有不可轻视的地位。"（《中国国民革命与社会各阶级》，《选编》中册，第365～366页）

陈独秀承认中国的农民人数众多，应该是国民革命的一个主要动力；但他不认为当时的农民是革命的。他说："农民占中国全人口之大多数，自然是国民革命之伟大的势力，中国之国民革命若不得农民之加入，终不能成功一个大的民众革命。但是农民居处散漫势力不易集中，文化低生活欲望简单易于趋向保守，中国土地广大，易于迁徙被难苟安，这三种环境是造成农民难以加入革命运动的原因。"（《中国国民革命与社会各阶级》，《选编》中册，第366～367页）他也承认农民终究是要参加革命的。农民"若一旦有了组织，便无人敢说连国民革命他们也一定不能加入"（《中国国民革命与社会各阶级》，《选编》中册，第367页）。这就预示了后来毛泽东"工农联盟"的思想。

陈独秀所理想的国民革命，是以资产阶级和无产阶级为骨干的、联合社会上各革命的阶级的统一战线。其具体的表现，就是国共合作。他认为，这是出于客观的必要，是有根据的。第一次国共合作虽然被破坏了，但在抗日战争时期又出现了第二次国共合作。第一次合作是为了打倒北洋军阀的统治，第二次合作是为了反抗日本帝国主义的侵略，这正是国民革命的两个主要课题。是否还要出现一个第三次合作以走完国民革命的最后一步？这是有可能的。可能能否成为现实，则有待于各方面的因素。

第四节　陈独秀论国民革命后中国的前途

陈独秀说："国民革命成功后，在普通形势之下，自然是资产阶级握得政权；但彼时若有特殊的环境，也许有新的变化，工人阶级在彼时能获得若干政权，乃视工人阶级在革命中的努力至何程度及世界的形势而决定。1917年俄罗斯的革命就是一个好例，俄罗斯各阶级各党派的联合革命，本以推倒皇室为共同目标，只以工人阶级在1905年之革命及1917年2月革命中特殊努力，又以当时资本主义的列强因大战而濒于破产，自救不遑，十月革命遂至发生新的政治组织。但是这种未来的机会我们没有预计的可能、也并没有预计的必要，现在只有一心不乱地干国民革命。陷于半殖民地而且濒于完全殖民地之悲运的中国人，不首先解除列强及军阀之重重奴辱，别的话都无从说起！"（《中国国民革命与社会各阶级》，《选编》中册，第371页）

陈独秀的这一段话，从表面上看，他似乎认为：国民革命的胜利果实应该由资产阶级独享，无产阶级如果幸运的话，也只能分享一小部分，喝一口资产阶级的残汤剩水。为什么如此呢？陈独秀没有从理论上进一步说明，于是他就被认为违背了无产阶级的利益。这种误解，越来越深，以致被开除党籍，并被加上了许多罪名，至今还未得到平反。

深一点看，陈独秀的这一段话，接触到了两个理论上的问题。一个问题是：继国民革命之后而发展的革命活动，应该是资产阶级的民主主义革命，还是无产阶级的社会主义革命？另一个问题是：半封建半殖民地社会是否可以直接进入社会主义？陈独秀的那一段话，在客观上含蓄地回答了这两个问题。他是说，继国民革命之后而起的革命，应该是资产阶级的民主主义革命，而不是无产阶级的社会主义革命，因为半封建半殖民地的社会不能直接进入社会主义。他所以没有明确地这样说，是因为当时的新文化运动的理论水平还没有达到这样的高度。

新文化运动的理论家认识到东西文化的不同，是由于人生态度和生活方式的不同，这比以前大进了一步；但他们都没有从经济上说明所以有这些不同的物质根源。不但右翼没有这样的说明，左翼也没有。这说明这些理论家们，对于西方文化的认识，还有"一间未达"，还隔了一层纸；如果戳穿了这层纸，那就可见东西文化不同的根本原因是自然经济的经济和商品经济的经济的不同。从自然经济的经济转到商品经济的经济，需要一个相当长的历史时期，所以继国民革命而起的革命，只能是资产阶级的民主主义革命，而不是无产阶级的社会主义革命。所以半封建半殖民地的社会，不能直接进入社会主义。

这个问题，也是当时东欧各国的问题。第二次世界大战后，苏联的红军赶走了帝国主义的占领军，新成立的政权都是无产阶级领导的。是否可以直接进入社会主义呢？苏联的决策人以为不行。他们认为，这些国家应该实行一种无产阶级领导的资产阶级民主主义，称为新民主主义。这就辩证地解决了陈独秀的那段话中出现的矛盾。

中国共产党解放了全中国，建立了中央政权，也自称为新民主主义国家。第一次全国人民政治协商会议通过的共同纲领，规定了新民主主义的经济体制，在其中，五种经济（国营经济、合作经济、农民和手工业者个体经济、私人资本）并存。买办资产阶级和官僚资产阶级的企业都被没收了，民族资产阶级的企业不但不没收，而且加以扶植，提出了"公私兼顾、劳资两利"的政策。新民主主义经济体现了在无产阶级领导下，发展资产阶级的民主主义的精神。可是，行之不久，一些教条主义者、患"左"倾幼稚病者、被胜利冲昏头脑者，用形而上学的思想方法代替辩证法的思想方法，认为既然是无产阶级领导，那就是社会主义了，就应该发挥无产阶级专政的威力，就应该利用共产党所掌握的政权，用政治改变经济；只要共产党有决心，不仅社会主义可以立即实现，共产主义的实现亦非难事。这就是极左思潮了。随着极左思潮发展下去，中国便陷入了十年动乱的浩劫。

第五节　李大钊接近辩证唯物主义的宇宙观

　　李大钊（1889～1927），字守常，河北省乐亭县人，出身于贫苦家庭。1907 年，进入北洋法政专门学校。1911 年辛亥革命发生后，李大钊跟随当时的革命者，参加了京津革命同盟会，参与策动第二十镇的新军，举行滦州起义。1913 年赴日本留学，入东京早稻田大学政治本科；在此期间，继续接触各种社会主义思潮，开始研究马克思主义理论，同时参加并组织留日学生的进步、爱国活动，曾先后组织了神州学会和经济学会，参加了留日学生为反对袁世凯接受日本灭亡中国的"二十一条"而举行的集会，起草了《警告全国父老书》。为了进一步开展讨袁活动，曾于 1916 年 1 月底暂回上海，两周后重返日本。1916 年 4、5 月间，从日本回国，先后担任《晨钟报》和《甲寅》月刊的编辑。1918 年应北京大学校长蔡元培的邀请任北京大学图书馆主任，由此参加了《新青年》杂志编辑部，与陈独秀等人创办《每周评论》，成为新文化运动的主要领导人之一。1920 年，李大钊在北大组织了马克思学说研究会；同年

10 月，成立北京共产主义小组。全国各地共产主义小组联合起来，为中国共产党的成立准备了组织上的条件。中国共产党正式成立后，李大钊当选为中央委员。1924 年底，中国共产党北方区执行委员会成立，李大钊为北方区党委总负责人，和当时执政的军阀作直接的、针锋相对的斗争。1927 年为军阀所害。

李大钊的著作，散见于当时报刊，人民出版社编为《李大钊选集》。

李大钊写了许多指导青年思想的文章，在这些文章中，在许多地方，他都说到宇宙观和世界观的问题。宇宙观是人对于事物存在的看法，世界观是人由于某种看法而引起的人生态度。李大钊提出了他认为正确的宇宙观，他说："大实在的瀑流永远由无始的实在向无终的实在奔流。吾人的'我'，吾人的生命，也永远合所有生活上的激流，随着大实在的奔流，以为扩大，以为继续，以为进转，以为发展，故实在即动力，生命即流转。"（《"今"》，《选集》，第 95 页）这里所说的"大实在"就是一切的客观存在。这个大实在是无始无终的，不是静止的，而是一个流行。个人的存在，也是这个"大流行"的一部分，随着"大流行"的流行而流行的，所以他说"实在即动力，生命即流转"。这是一个唯物主义的宇宙观。

随着这种宇宙观而来的世界观，就是要重视今日的"我"。

李大钊回忆陈独秀在《一九一六年》文中所说"青年欲达民族更新的希望，'必自杀其 1915 年之青年，而自重其 1916 年之青年'"，并推广此意；而为他自己的这篇文章做结论说："吾人在世，不可厌'今'而徒回思'过去'，梦想'将来'，以耗误'现在'的努力。又不可以'今'境自足，毫不拿出'现在'的努力，谋'将来'的发展。宜善用'今'，以努力为'将来'之创造。由'今'所造的功德罪孽，永久不灭。故人生本务，在随实在之进行，为后人造大功德，供永远的'我'享受，扩张，传袭，至无穷极，以达'宇宙即我，我即宇宙'之究竟。"（《"今"》，《选集》，第96页）

大实在的瀑流，永远是一个新陈代谢的过程。李大钊说："宇宙进化的机轴，全由两种精神运之以行，正如车有两轮，鸟有两翼，一个是新的，一个是旧的。但这两种精神活动的方向，必须是代谢的，不是固定的；是合体的，不是分立的，才能于进化有益。"（《新的！旧的！》，《选集》，第97页）李大钊的这段话，接近于辩证法。照辩证法的理论，事物发展，都由于其内部的两个对立面的统一和斗争。这两个对立面，概括地说，就是新的和旧的，是相对而言。没有新的，就没有旧的；没有旧的，也没有新的。所以，它们活动的方向虽然是相反的，但不是"分立的"，而是"合体的"，这就是辩证法所说的两个对立面的互相依存。虽然互相依存，但他们又是代谢的，不是固定的，"新的"永远要代替"旧的"，而这个代替"旧的"的"新的"，又永远为它的更新的对立面所代替。这就是辩证法所说的两个对立面的矛盾和斗争。事物内部中的两个对立面的统一和斗争构成事物的发展，发展就是进化。

1917年，苏联十月革命胜利了，中国进步的人们大为惊喜。李大钊认为这是人类历史的新纪元。他说："人生最有趣味的事情，就是送旧迎新，因为人类最高的欲求，是在时时创造新生活。""一个人的一生，包含无数的新纪元，才算能完成他的崇高的生活。人类全体的历史，联结无数的新纪元，才算能贯达这人类伟大的使命。""现在的时代又是人类生活中的新纪元，所以我们要欢欣庆祝。"（《新纪元》，《选集》，第 122 页）李大钊可能意识到，在事物新陈代谢的过程中，有些代谢可能使事物进入一个新阶段，这个新阶段称为"新纪元"。"新纪元"三个字，意味着辩证法所谓"突变""飞跃"。李大钊未讲辩证法，所以不能这样明确地说；但这样的认识，他是有的。他的哲学思想已接近于辩证唯物主义。

第六节　李大钊对于历史唯物主义的阐述

李大钊有一篇比较长的文章，题为《我的马克思主义观》，发表于《新青年》的《马克思研究号》（1919 年第六卷第五、六号）。照题目，他是要讲全部的马克思主义；其实，他着重讲的是马克思主义的经济学和历史唯物主义。

李大钊说："历史的唯物论者观察社会现象，以经济现象为最重要，因为历史上物质的要件中，变化发达最甚的，算是经济现象。""产业的进步是历史的决定条件，科学的进步又为补助他的条件。""唯物史观的要领，在认经济的构造对于其他社会学上的现象，是最重要的；更认经济现象的进路，是有不可抗性的。""有许多人主张改称唯物史观为经济史观。"他指出："经济的构造，依他内部的势力自己进化，渐于适应的状态中，变更全社会的表面构造，此等表面构造，无论用何方法，不能影响到他这一方面，就是这表面构造中最重要的法律，也不能与他以丝毫的影响。"（《新纪元》，《选集》，第 178 ～ 180 页 ）

李大钊在这里所说的"社会的表面构造",就是"社会的上层建筑"。他阐明了历史唯物主义的一个基本原则——一个社会的上层建筑是为它的经济基础所决定的,经济基础改变上层建筑,上层建筑不能改变经济基础。

李大钊认为,唯物史观的理论有许多部分是马克思以前别人已经说过的。研究马克思主义的唯物史观,应该特别注意其"独特"之处。李大钊引证了日本的河上肇的大段的话,由自己引申说:"马克思的唯物史观有二要点:其一是关于人类文化的经验的说明;其二即社会组织进化论。其一是说人类社会生产关系的总和,构成社会经济的构造。这是社会的基础构造。一切社会上政治的、法制的、伦理的、哲学的,简单说,凡是精神上的构造,都是随着经济的构造变化而变化。我们可以称这些精神的构造为表面构造。表面构造常视基础构造为转移,而基础构造的变动,乃以其内部促他自己进化的最高动因,就是生产力为主动,属于人类意识的东西,丝毫不能加他以影响,他却可以决定人类的精神、意识、主义、思想,使他们必须适应他的行程。其二是说生产力与社会组织有密切的关系。生产力一有变动,社会组织必须随着他变动。社会组织即社会关系,也是与布帛菽粟一样,是人类依生产力产出的产物。手臼产出封建诸侯的社会,蒸汽制粉机产出产业的资本家的社会。生产力在那里发展的社会组织,当初虽然助长生产力的发展,后来发展的力量到那社会组织不能适应的程度,那社会组织不但不能助他,反倒束缚他、妨碍他了。而这生产力虽在那束缚他、妨碍他的社会组织中,仍是向前发展不已。发展的力量愈大,与那不能适应他的社会组织间的冲突愈迫,结局这旧社会组织非至崩坏不可。这就是社会革命。

新的继起，将来到了不能与生产力相应的时候，他的崩坏亦复如是。可是这个生产力，非到在他所活动的社会组织里发展到无可再容的程度，那社会组织是万万不能打破。而这在旧社会组织内，长成他那生存条件的新社会组织，非到自然脱离母胎，有了独立生存的运命，也是万万不能发生。恰如孵卵的情形一样，人为的助长，打破卵壳的行动，是万万无效的，是万万不可能的。以上是马克思独特的唯物史观。"（《新纪元》，《选集》，第 185～186 页）李大钊所说的马克思的唯物史观的"独特"之处，就是社会的上层建筑不能改变社会的经济基础的那个原则的逻辑的结论。

上边说过，陈独秀认为殖民地社会不能直接进入社会主义，李大钊的这一段话，就是陈独秀那个认识的理论基础。陈独秀在当时没有从马克思主义的理论上说明他的主张，李大钊的这一段话，又没有和当时的政治形势结合起来。如果两个人能配合起来，陈独秀可能少受人们的误解。

李大钊举了许多西方历史上的事实，以说明唯物史观的原则。对于马克思的阶级斗争、剩余价值和资本集中的理论，作了适当的阐述。最后，他对于所谓"资本集中"，作了进一步的说明。他说："宗马氏的说，入十六世纪初期，才有了资本。因为他所谓资本，含有一种新意义，就是指那些能够生出使用费的东西。这个使用费，却不是资本家自己劳力的结果，乃是他人辛苦的结果。由此意义以释'资本'，十六世纪以前，可以说并没有资本与资本家。若本着经济上的旧意义说资本单是生产的工具，那么就是十六世纪以前，也何尝没有他存在！不过在那个时代，基尔特制下的工人，多半自己有自己的工具，与马氏用一种新意义解释的资本不同。"（《新纪

元》，《选集》，第 209 页）

李大钊继续说明，拥有这种新意义的资本的人们，就是近代的资本家。资本家的特点就是集中生产工具，如工厂、机器之类，用收"使用费"的办法，剥削使用这些生产工具的人们。资本家中间"大鱼吃小鱼"，也是互相兼并的；兼并的结果，生产工具更加集中，没有生产工具的人也愈来愈多，资本主义社会中，就分化出两个最大的敌对阶级——资本家和工人，资产阶级和无产阶级。资本家的最大作用，就是集中。因为有他们的集中，所以一旦无产阶级觉悟了，就可以联合起来，把资本家所集中的东西，一举夺取过来，掌握在自己手中，归全社会所有；到那时候，资本主义的社会就转化为社会主义社会了。李大钊用这些事实说明资本主义必然灭亡，社会主义必然实现，同时也说明资本集中的必要。封建主义和殖民地国家的经济，都是散漫的自然经济，没有集中起来，所以不可能直接进入社会主义。李大钊对于"资本集中论"的申述，也是从实质上为陈独秀的殖民地社会不能直接进入社会主义社会的主张，添了一个根据。

第六章

20～40年代之间的三大论战

第一节　20年代的"科学与人生观"的论战

在新文化运动发展到高峰的时期，不满意新文化运动的人们，也有他们的反应，这是新文化运动的逆流，是新文化运动的对立面。像林纾那样的单纯复古的逆流，已经不能发生作用了，于是，就用另一种形式表现出来。20年代的"科学与人生观"的论战，就是这样的一个新形式。

1923年，张君劢在清华学校的学生会上，做了一个讲演，发表于《清华周刊》第272期，题为《人生观》。他认为人生观与科学不同，科学有一定之规律，人生观的特点正是无一定之规律。他列举了五点，以说明科学与人生观之不同。他说："第一，科学为客观的，人生观为主观的"；"第二，科学为论理的方法所支配，而人生观则起于直觉"；"第三，科学可以以分析方法下手，而人生观则为综合的"；"第四，科学为因果律所支配，而人生观则为自由意志的"；"第五，科学起于对象之相同现象，而人生观起于人格之单一性"。由此五点，他得出结论说："科学无论如何发达，而人生问题

之解决，决非科学所能为力，唯赖诸人类之自身而已。"(《科学与人生观》，上海亚东图书馆本，上册，张文第4～9页)

本书在上章说，每一种文化都代表一种人生态度和由此而生的生活方式，新文化也代表一种人生态度和由此而生的生活方式。新文化又重视科学。张君劢的议论，认为人生观是多样的，没有一个唯一的标准的人生观，科学也不能解决人生观的问题。他的议论，正是针对着新文化运动的那两点说的，自以为可以一箭双雕。

就他所举的那五点说，他的思想可以说是混乱已极。他的那一箭，可以说是"银样蜡枪头"。

人生观是一种"观"，科学是一种"学"。就其为"观"为"学"说，它们都是人类对于外界的一种认识，它们是一类的东西。从类的观点看，就只见其同，不见其异。

就张君劢所提的那五点说，他认为："科学为客观的，人生观为主观的。"其实，无论人生观或科学，就其对象说，都是客观的。人生观并不是人生，有一个客观的人生，人们都穿衣吃饭，生男育女——这就是客观的人生。人们对于客观的人生，有不同的了解，不同的看法，这就形成为不同的人生观。人生观可能是主观的，但其对象毕竟是客观的。

张君劢的第二点认为"科学为论理的方法所支配，而人生观则起于直觉"。其实，无论科学或人生观，都受论理的方法所支配；无论什么样的直觉，一成为思维、言论，它都要"为论理的方法所支配"的。人生观既成为"观"，科学既成为"学"，它们就都成为思维、言论了。既成为思维、言论，那就必须"为论理的方法所支配"。胡适写了一篇文章，题为《孙行者与张君劢》，讲的就是这个道理。孙行者在如来佛的手掌中驾起了筋斗云，一下子就走了十万八千里，自以为是脱离了如来佛的手掌了，后来他自己发现他并没有脱离，他还是在如来佛的手掌中。

张君劢提出的第三点认为"科学可以以分析方法下手，而人生观则为综合的"。其实，无论科学或人生观，都必须从分析的方法下手。不过，分析有两种。一种是物质的分析。一个东西，一个物质的东西，可以送到化学实验室内，对它做定量或定性分析。一个思维方面的东西，就不能这样分析了，那就要用另一种分析的方法，那就是逻辑的分析。综合是对分析而言，如果没有分析，也就没有综合了。张君劢所说的那五种不同，也是经过一番分析的。

张君劢提出的第四点认为"科学为因果律所支配，而人生观则为自由意志的"。其实所谓"自由意志"，不过是一种表面的现象。人生也都是为因果律所支配的。张君劢如果要证明人真有自由意志，那就要作深入的讨论，不能把它作为自明的真理，一笔带过。

张君劢的第五点认为"科学起于对象之相同现象，而人生观起于人格之单一性"。张君劢这里所说的是一般和特殊的问题。任何一类事物都有其一般性，其类中的每一个分子，又都有其特殊性，人类也是如此。张君劢把人格之单一性作为人生观的一个特点，这也是他的思想混乱的一个例证。

当时的一位地质学家丁文江，举起保卫科学的大旗，发表了一篇文章，题为《玄学与科学——评张君劢的"人生观"》。丁文江也是以张君劢所提的那五点为批评对象，但是，他不是从那五点的思想混乱出发，而是从正面讲科学方法出发。他讲科学方法分为八个题目：第一是"人生观能否同科学分家？"第二是"科学的智识论"，第三是"张君劢的人生观与科学"，第四是"科学与玄学战争的历史"，第五是"中外合璧式的玄学及其流毒"，第六是"对于科学的误解"，第七是"欧洲文化破产的责任"，第八是"中国的精神文明"。

丁文江把张君劢的人生观和欧洲文化破产论联系起来，这是有识的。张君劢的人生观不是孤立的，而是当时反对新文化运动的思潮的一方面的表现；另一方面的表现，就是欧洲文化破产论。第一次世界大战，把欧洲搞得筋疲力尽，欧洲不免有些人发出怨言。梁启超和蒋方震到欧洲跑了一趟，回来发表了一部书，题为《欧游心影录》。书中宣传说，西方文化破产了，科学也破产了，西方正在打算向东方学习，东方用不着向西方学习了。这是新文化运动的一股逆流。张君劢的人生观和梁启超的《欧游心影录》，是这股逆流表现的两个方面。

丁文江以保卫科学自命，其实他对于科学的性质并没有真正的了解。照他的了解，科学的性质是"存疑的唯心论"。他说："凡研究过哲学问题的科学家，如赫胥黎、达尔文、斯宾塞、詹姆士、皮尔士、杜威，以及德国的马哈派的哲学，细节虽有不同，大体无不如此。因为他们以觉官感触为我们知道物体唯一的方法，物体的概念为心理上的现象，所以说是唯心。觉官感触的外界，自觉的后面，有没有物，物体本质是什么东西？他们都认为不知，应该存而不论，所以说是存疑。他们是玄学家最大的敌人，因为玄学家吃饭的家伙，就是存疑唯心论者所认为不可知的，存而不论的，离心理而独立的本体。这种不可思议的东西，伯克莱叫他为上帝；康德、叔本华叫他为意向；布虚那叫他为物质，克列福叫他为心理质，张君劢叫他为我。他们始终没有大家公认的定义方法，各有各的神秘，而同是强不知以为知。旁人说他模糊，他自己却以为玄妙。"（《玄学与科学》，《科学与人生观》上册，丁文第 12 ～ 13 页）如果科学是如丁文江所说那样的"存疑的唯心论"，那它就不是"玄学家最大的敌人"，而是玄学家最大的朋友。"因为玄学家吃饭的家伙"，都被存疑论用"不可知"三个字把他们包庇起来了。

丁文江又说："科学的目的是要摒除个人主观的成见——人生观最大的障碍——求人人所能共认的真理。科学的方法，是辨别事实的真伪，把真事实取出来详细的分类，然后求他们的秩序关系，想一种最简单明了的话来概括他。所以科学的万能，科学的普遍，科学的贯通，不在他的材料，在他的方法。"（《玄学与科学》，《科学与人生观》上册，丁文第 20 页）问题正在这里。什么叫"事实真伪"？用什么标准"辨别事实的真伪"？丁文江所用的标准是"人人所能共认"。"人人所能共认"是一种现象；丁文江所说的"科学的方法"，是把各种不同的现象汇合起来，以求其贯通，这正是实用主义的方法。辨别一个命题的真伪的真正标准，是看其是否合乎客观实际；而这个客观实际一被存疑论者认为是"不可知"，就被"存"起来了。丁文江和张君劢的论战，可以说是一场混战。其所以是"混战"，因为说来说去，说到最后，"最大的敌人"又成为最大的朋友了。

第二节　新文化运动的领导人对于
"论战"的总结

　　当时参加"论战"的人很多，发表的文章也不少。上海亚东图书馆把这些文章收集起来，编为一个集子，名为《科学与人生观》，又请新文化运动的领导人胡适和陈独秀作序。他们的序，实际上就是新文化运动对于这个论战的总结。他们两人对于他们的序文，又彼此互提意见，这些意见进一步说明了新文化运动的右翼和左翼的分歧。

　　胡适认为，在这次"论战"中，拥护科学的人们的"绝大的弱点"是仅只抽象地辩论科学可以解决人生观的问题，而没有具体地提出一个科学的人生观。胡适提出了一个他自以为是科学的人生观，称为"自然主义的人生观"。

　　陈独秀的序文首先指出，在这次"论战"中，丁文江好像是战胜了张君劢，其实，丁文江是最大的失败者。陈独秀说："只可惜一班攻击张君劢、梁启超的人们，表面上好像是得了胜利，其实并没有攻破敌人的大本营，不过打散了几个支队，有的还是表面上在那里开战，暗中却已经投降了。就是主将丁文江大攻击张君劢唯心的见解，其实他自己也是五十步笑百步，这是因为有一种可以攻破敌人大本营的武器，他们素来不相信，因此不肯用。"（《科学与人生观》上册，陈序第 1～2 页）那种"武器"是什么？陈独秀说："我们相信只有客观的物质原因可以变动社会，可以解释历史，可以支配人生观，这便是'唯物的历史观'。"（《科学与人生观》上册，陈序第 11 页）

陈独秀的意思是说，不必再讲什么"自然主义的人生观"了，已经有了一种正确的人生观，那就是马克思主义的"唯物的历史观"。

在这一点上，胡适提出了不同的意见。他说："独秀说的是一种'历史观'，而我们讨论的是'人生观'。人生观是一个人对于宇宙万物和人类的见解；历史观是'解释历史'的一种见解，是一个人对于历史的见解。历史观只是人生观的一部分。"（《科学与人生观》上册，胡序第 30 页）他又说："然而独秀终是一个不彻底的唯物论者。他一面说'心即是物之一种表现'，一面又把'物质的'一个字解成'经济的'。"（《科学与人生观》上册，胡序第 31 页）胡适接着说："我个人至今还只能说'唯物（经济）史观至多只能解释大部分的问题。'独秀希望我'百尺竿头更进一步'，可惜我不能进这一步了。"（《科学与人生观》上册，胡序第 32 页）

陈独秀回答说："社会是人组织的，历史是社会现象之纪录，'唯物的历史观'是我们的根本思想，名为历史观，其实不限于历史，并应用于人生观及社会观。适之说：'独秀说的是一种历史观（我明明说"只有客观的物质原因可以变动社会，可以解释历史，可以支配人生观"，何尝专指历史？）而我们讨论的是人生观。'"又指出："适之好像于唯物史观的理论还不大清楚，因此发生了许多误会，兹不得不略加说明。第一，唯物史观所谓客观的物质原因，在人类社会，自然以经济（即生产方法）为骨干。第二，唯物史观所谓客观的物质原因，是指物质的本因而言；由物而发生之心的现象，当然不包括在内。世界上无论如何彻底的唯物论者，断不能不承认有心的现象即精神现象这种事实（我不知适之所想像之彻底的唯物论是怎样？）；唯物史观的哲学者也并不是不重视思想、文化、宗教、道德、教育等心的现象之存在，惟只承认他们都是经济的基础上面之建筑物，而非基础之本身；这是因为唯物史观的哲学者，是主张：经济——（统率着并列的）制度、宗教、思想、政治、道德、文化、教育之一元论，而非如（并列的）经济、宗教、思想、政治、道德、文化、教育之多元论。这本是适之和我们争论之焦点。"（《答适之》，《科学与人生观》上册，胡序附录第36～38页）

陈独秀对于唯物史观的说明，言简意赅，可见其对于马克思主义的唯物史观的融会贯通。新文化运动的左翼和右翼的分歧，主要在于对马克思主义的理解和态度。经过陈独秀和胡适的互提意见，这种分歧就更明确了。

第三节　关于中国在当时的社会性质的论战

　　1926 年从广东出师北伐的国民革命军，一路所向无敌，势如破竹，1927 年就进到长江一带了。长江的重镇，从上海到武昌，都已被国民革命军占领。原来在广州的国民政府已迁到武昌，革命的发展进入高潮。可是就在这个时候，蒋介石抛弃了孙中山的三大政策，第一次国共合作分裂了，国民革命由高潮一下子降入了低潮。

　　在这种情况下，共产党不得不重新考虑它的方针、政策，尤其是对于国民党的方针、政策。也就是无产阶级对于资产阶级的方针、政策。要做这些考虑，就必须研究中国在当时的社会性质，这就是中国社会性质问题所以被提出来的客观原因。

　　蔡和森写了一篇文章，题为《中国革命的性质及其前途》，对于这个问题作了概括的叙述。这篇文章开头说："中国革命是资产阶级革命呢，还是资产阶级性的民权革命，或已转变到无产阶级社会主义革命？这一根本问题将决定今后革命之一切战术与策略。"（高军编：《中国社会性质问题论战（资料选辑）》，第 42 页）蔡和森把摆在中国革命面前的根本问题明确地点了出来，接着又分段予以解答。

中国当时的革命性质，是资产阶级性的民权革命，或是已转变到无产阶级社会主义革命？蔡和森回答说，是前者而不是后者。他说："社会主义革命与民权革命的区别是很显明的，因为无产阶级社会革命是根本推翻资本主义，建设社会主义经济基础；他的政权性质是无产阶级专政，而不是与农民平分政权。在资本主义后进国，无产阶级不能超过资产阶级的民权革命的道路，去达到社会主义革命，不能把民权革命看为是资产阶级的事而把这一最低度党纲（争民主共和）从最高度党纲（争社会主义）排除出去。无产阶级只有坚决的与农民联合引导资产阶级民权革命到底，在民权革命完全胜利的条件下，才能开始转变到社会主义革命。"（高军编：《中国社会性质问题论战（资料选辑）》，第44页）

蔡和森指出："我们在中国革命中所犯的错误，首先在对中国革命性质之不正确的观点：（一）认'资产阶级力量比农民集中，比工人雄厚'，'在这革命若失了资产阶级的援助在革命事业中便没有阶级的意义和社会的基础'，认'国民革命的胜利自然是资产阶级的胜利，国民革命成功后自然是资产阶级握得政权'；（二）认'工人阶级在国民革命中固然是重要分子，然亦只是重要分子而不是独立的革命势力'，'幼稚的无产阶级目前只有在此胜利之奋斗中才有获得若干自由及扩大自己能力之机会，所以和革命的资产阶级合作'；（三）忽视农民，偏向于'统率革命的资产阶级，联合革命的无产阶级，实现资产阶级的民主革命'；（四）以为'中国农民运动必须国民革命完全成功，然后国内产业勃兴，然后普遍的农业资本化，然后农业的无产阶级发达集中起来，然后农村间才有真正的共产的社会革命之需要与可能。'这些认识，显然是对于革命动力的估量不正确，忽视无产阶级的领导，忽视农民的重要，而偏向于与资产阶级联盟，根本不知道民主革命的胜利就是工农民权独裁，而认革命胜利一定是资产阶级握得政权，根本没有革命转变的观念，以为国民革命成功后，要经过一长期的资本主义发展才有社会革命之需要与可能——总括一句，这是'二次革命论'，中国原始的孟塞维克倾向。"（高军编：《中国社会性质问题论战（资料选辑）》，第48页）

蔡和森接着说："'二次革命论'之后，又发现'一次革命论'：以为从民权主义到社会主义就是'一次革命'直达社会主义，以为'中国现时的革命既是资产阶级的又不是资产阶级的，既不是社会主义的又的确是社会主义的，这一次革命的胜利终竟是社会主义的'。这'一次革命论'不仅混淆中国革命的性质，要有落到托罗斯基不断革命论的错误，不仅混淆无产阶级政党最低度党纲（工农民权独裁的）与最高度党纲（无产阶级专政的）的任务，而且要使从民权革命到社会革命的'转变'成为没有意义，必致使无产阶级政党忽视此转变的条件与准备，所以'一次革命论'也是不正确的。"（高军编：《中国社会性质问题论战（资料选辑）》，第48～49页）

蔡和森又说："民族资产阶级叛变后，中国革命有什么特殊现象呢？有：（一）土地革命深入；（二）开始建立工农兵苏维埃政权；（三）工农革命联盟对抗帝国主义地主阶级资产阶级反革命联盟。以上现象是证明革命阶段的深入和革命动力的转变，而不是革命任务和性质的转变。只有革命任务改变了，革命性质才会改变。革命的客观任务——如打倒帝国主义消灭地主阶级的两个主要任务，现在不仅没有完成和消失，反而因民族资产阶级与地主阶级，帝国主义妥协，而愈益加重了这些客观任务的需要与意义。纵然在资产阶级叛变后，于上述两大主要的客观任务外，还要加上更坚决的反对领导反革命的民族资产阶级这一新任务。然这一新任务的意义，并不是因为民族资产阶级是资本主义的代表而应反对，乃因民族资产阶级变成为帝国主义的工具地主阶级的同盟，出卖革命变成为反对民权革命的反革命之领导者而应反对的。所以这一新任务并没有超出资产阶级民权革命的性质，并不会毁灭资本主义的生产方法，客观上反而是资本主义发展的起点。"（高军编：《中国社会性质问题论战（资料选辑）》，第49～50页）

蔡和森在这篇文章的最后一部分中说："中国共产党，在全国劳苦群众之前，高声的肯定中国革命有社会主义的前途，他的最高任务就是争得此前途之尽可能的迅速的实现；同时他坚决的反对误解或曲解中国革命现在阶段之资产阶级民权革命的性质，他始终一致的认定完成中国资产阶级民权革命为中国无产阶级政党之至低限度的党纲，谁要抛弃或超过此至低限度党纲的任务，谁便是反革命。""由于民族资产阶级的叛变，客观上更创造了有利于无产阶级领导权和社会主义前途之可能，但中国共产党决不夸张他的领导权之建立，而丝毫忽略揭破民族资产阶级种种欺骗民众的假革命的企图或民族改良主义的企图，与这种企图作长期的艰苦的奋斗，是中国共产党人一秒不忘的任务。"他坚决地指出："中国革命固然有社会主义前途，因民族资产阶级之叛变，愈益增加这一前途之可能与必然，可是若说这一前途现成的摆在前面，这简直是骗子。"（高军

编:《中国社会性质问题论战（资料选辑）》，第 57 ～ 60 页）

　　蔡和森所发挥的理论，就是说革命的性质是由革命的任务决定的，革命的任务是由当时的社会性质决定的。当时的社会是什么样的社会，当时的革命就有什么样的任务，这就决定了当时革命的性质。这不是当时领导革命的个人或政党的主观意见所决定的，这是一个唯物主义的原则。后来的革命实践证明：谁要违反这个原则，谁就为革命造成灾难性的损失。

第四节　全盘西化和中国本位的论战

1935 年，上海有十位教授联名发表了一篇文章，题目是《中国本位的文化建设宣言》。这篇文章，又称为"一十宣言"，因为它是在 1935 年 1 月 10 日发表的，最先登在 1935 年 1 月 10 日出版的《文化建设月刊》第一卷第四期上，后来各报各杂志均转载。

这个"宣言"提出了"中国本位的文化建设"所"应该"遵循的五项原则。第一项是："要特别注意此时此地的需要。"第二项是："必须把过去的一切，加以检讨，存其所当存，去其所当去。"第三项是："吸收欧美的文化是必要而且应该的。但需吸收其所当吸收，而不应以全盘承认的态度，连渣滓都吸收过来。"第四条是："中国本位的文化建设是创造，是迎头赶上去的创造。"第五项是："我们在文化上建设中国，并不是抛弃大同的理想。"根据这五项原则，"宣言"提出了两条注意：一条是"不守旧"，一条是"不盲从"。又提出三项目标：一是"检讨过去"，二是"把握现在"，三是"创造将来"。（马芳若编：《中国文化建设讨论集》，第 1～6 页）

这个"宣言"是国民党授意作的。一篇洋洋大文，实际所要说的，只有三个字："不盲从"。不盲从什么呢？不要盲从马克思列宁主义，不能"以俄为师"。这是这个"宣言"实际上所要说的话，其余都是些空话。"存其所当存，去其所当去"；"吸收其所当吸收"，不吸收其所不当吸收，这些话都是自语重复，都是废话。

但是，这个"宣言"是以堂而皇之的形式发表的，当时的各报刊都转载了（这自然也是国民党授意的），所以在当时颇为轰动，引起了各方面的辩论。这些辩论所谈的，大都是关于文化的理论问题，从表面上看，形成了五四运动以后又一次的关于东西文化的大辩论。

同"本位文化"论正面对立的，是"全盘西化"论。胡适也说话了，他说："我是主张全盘西化的，但我同时指出，文化自有一种'惰性'。全盘西化的结果自然会有一种折衷的倾向。例如中国人接受了基督教的，久而久之，自然和欧洲的基督教不同，他自成一个中国的基督徒。又如陈独秀先生接受共产主义，我总觉得他只是一个中国的共产主义者，和莫斯科的共产党不同。现在的人说折衷，说中国本位，都是空谈。此时没有别的路可走，只有努力全盘接受这个新世界的新文明。全盘接受了，旧文化的惰性，自然会使它成为一个折衷调和的中国本位新文化。若我们自命做领袖的人也空谈折衷选择，结果只有抱残守阙而已。古人说：取法乎上，仅得其中；取法乎中，风斯下矣。这是最可玩味的真理。"（马芳若编：《中国文化建设讨论集》，中编，第14页）胡适主张"全盘西化"，这并不使人惊异。但照这里说的，他所主张"全盘西化"的理由，似乎有点特别。他似乎也认为"全盘西化"的主张有点极端，但又认为只有主张极端，才能在实际上"化"得恰到好处。恰到好处是个什么样子，他没有说。

中西文化问题，本来是一个老问题。十教授的宣言，郑重其事地把老问题重新提出来，在舆论界引起一阵人为的轩然大波。但其措词空洞，言之无物，令人读之不得要领。我在30年代末也讨论过类似的问题，在所作《新事论》中曾经指出：在这一类的讨论中，牵涉到一个哲学问题——一般和特殊、共相和殊相的问题。某一种社会类型是共相，某一国家或民族是殊相。某一个国家或民族在某一时期是某一类型的社会，这就是共相寓于殊相之中。这个"寓于"是冥合无间，所以在表面上就浑而不分。这就引起了思想混乱。所谓"全盘西化"，所谓"本位文化"都是这种混乱的表现。至于一般人所说的西洋文化，实际上是近代文化。所谓"西化"，应该说是现代化。

如果不把这种混乱搞清楚，事情就不好办。中国人是黑头发、黄眼珠，西洋人是黄头发、蓝眼珠。如果真要"全盘西化"，你能把黑头发、黄眼珠换成黄头发、蓝眼珠吗？显然没有这个可能，也没有这个必要。你说要"本位文化"，中国就真是什么改革都不要吗？某一些改革是必要的，也是可能的。若要辨别什么是必要的，什么是不必要的；什么是可能的，什么是不可能的，这就需要选择。选择必定有个标准，不然的话，那就只能说"存其所当存，去其所当去"，"吸收其应该吸收的，不吸收其不应该吸收的"。话是不错，可是说了等于没有说。

怎样确定这个标准呢？最好的办法是认识共相。看看世界上强盛的国家，看看它们是怎样强盛起来的，看看它们的特点。这些特点就是它们的殊相之中所寓的共相的内容或其表现。这些国家是殊相，它们的社会性质是共相。共相是必要学的，也是可能学的；殊相是不可能学的，也是不必要学的。

它们的社会性质是什么呢？当时中国的社会性质又是什么呢？我在当时创了两个名词，说当时西方的社会是"以社会为本位的社会"，当时的中国是"以'家'为本位的社会"。它们（西方）原来也是"以家为本位的社会"，后来先进入了"以社会为本位的社会"，因为有了产业革命。产业革命就是工业化。我用了马克思在《共产党宣言》中说过的一句话——产业革命的结果是乡下靠城里，东方靠西方。我说：这是一句最精辟的话。所谓东方和西方的差别，实际上就是乡下与城里的差别。一个国家里有城乡的差别，世界上也有城乡的差别。世界上的乡下就是那些殖民地，世界上的城里就是那些统治和剥削殖民地的国家。

以上所说的那两种社会，用现在人们所常用的名词说，就是自然经济和商品经济。人生的两件大事，就是吃穿。为了吃穿，人们就需要劳动，以生产吃穿的资料。在自然经济中，人们生产是为了直接的消费。在中国的封建社会中，男耕女织，一个劳动妇女守着一架织布机，一年可以织出几匹布，就够她的一家人穿了。西方先经过产业大革命，以蒸汽机为动力，一下子就把生产力提高了几百倍、几千倍。一部织布机器只要开动几分钟，就生产出许多匹布。它一年不能只开几分钟，一开就要继续开下去。所生产出来的布，只好作为商品出卖。这样的生产，就是商品经济。一部生产机器开动起来，必须用许多人操纵，那许多人来自四面八方。在农业生产中，无论地主或佃户，都附着于土地上，他们都是聚族而居，所以有宗法制度、宗法观念。操纵机器的工人脱离了土地的束缚，再不能聚族而居，宗法制度自然就破坏了。这些都是自然而又必然的程序。在这个程序中，旧的东西自然而又必然地"存其所当存，去其所当去"，这个"当"字自然就有着落，但这一切并不是什么人的创造。这个道理就是马克思主义的历史唯物主义、唯物史观。

第七章

毛泽东和中国现代革命

在中国现代史发展的过程中，新文化运动之后，紧跟着就出现了新民主主义革命。新文化运动的左翼，培养出了它自己的接班人毛泽东。

毛泽东（1893～1976），字润之，湖南省湘潭县人，出身于农民家庭。新文化运动时期，在北京大学当旁听生，又在李大钊所领导的北大图书馆中当职员，参加马克思主义研究小组。离开北大后，在湖南创办《湘江评论》，宣传马克思主义，扩大新文化运动的影响。中国共产党成立后，他参加党中央的领导工作。1935年遵义会议后，他被推选为党的最高领导人。从此以后，他集党、政、军大权于一身，并且被认为是思想上的领导人。他是中国历史上一个最有权威的人。在几十年中，他兼有了中国传统文化中所谓"君、师"的地位和职能。他的著作言论中已公开的，载在《毛泽东选集》五卷及单篇本；此外还有《毛泽东书信选集》《毛主席诗词》《毛泽东哲学批注集》等著作。

第一节　新民主主义阶段

　　毛泽东思想的发展，可分为三个阶段：一、新民主主义及以前阶段，二、社会主义阶段，三、极左思想阶段。

　　第一阶段的主要理论著作是《中国革命和中国共产党》与《新民主主义论》。这两篇文章几乎是同时写的。在前一篇文章中，毛泽东为中国革命的发展，画出了一幅蓝图。他根据当时中国的社会性质，指出了革命的任务，他说："既然中国社会还是一个殖民地、半殖民地半封建的社会，既然中国革命的敌人主要的还是帝国主义和封建势力，既然中国革命的任务是为了推翻这两个主要敌人的民族革命和民主革命；而推翻这两个敌人的革命，有时还有资产阶级参加，即使大资产阶级背叛革命而成了革命的敌人，革命的锋芒也不是向着一般的资本主义和资本主义的私有财产，而是向着帝国主义和封建主义。既然如此，所以，现阶段中国革命的性质，不是无产阶级社会主义的，而是资产阶级民主主义的。但是，现时中国的资产阶级民主主义的革命，已不是旧式的一般的资产阶级民主主义的革命，这种革命已经过时了，而是新式的特殊的资产阶级民主主义的革命。这种革命正在中国和一切殖民地半殖民地国家发展起来，我们称这种革命为新民主主义的革命。"（《中国革命和中国共产党》，《毛泽东选集》第二卷，第 609 ～ 610 页）

《新民主主义论》是专门说明这个理论的。这篇文章一开始提出了一个总问题——"中国向何处去？"毛泽东分析了当时国际和国内的形势，得到一个结论：走新民主主义的道路。全文从政治、经济、文化各个方面，说明新民主主义道路的内容。

在政治方面，毛泽东指出，在当时的世界中，有资本主义的旧民主主义，也有苏联的社会主义。"这种新民主主义共和国"和"苏联式的、无产阶级专政的、社会主义的共和国相区别，那种社会主义的共和国已经在苏联兴盛起来，并且还要在各资本主义国家建立起来，无疑将成为一切工业先进国家的国家构成和政权构成的统治形式；但是那种共和国，在一定的历史时期中，还不适用于殖民地半殖民地国家的革命。因此，一切殖民地半殖民地国家的革命，在一定历史时期中所采取的国家形式，只能是第三种形式，这就是所谓新民主主义共和国。这是一定历史时期的形式，因而是过渡的形式，但是不可移易的必要的形式"（《新民主主义论》，《毛泽东选集》第二卷，第 636 页）。毛泽东认识到革命的性质是革命的任务所决定的，革命的任务是革命国家的社会性质所决定的。因为中国社会在当时是半封建、半殖民地，所以当时中国革命的任务是反帝反封建。这些都是历史的客观实际所决定的，所以，中国在当时的革命，既不能是旧民主主义的革命，也不能是社会主义的革命，而只能是第三种形式，那就是新民主主义的革命。这第三种形式只是一个过渡，但这个"渡"非"过"不可。

在经济方面，毛泽东说："这个共和国将采取某种必要的方法，没收地主的土地，分配给无地和少地的农民，实行中山先生'耕者有其田'的口号，扫除农村中的封建关系，把土地变为农民的私产。农村的富农经济，也是容许其存在的。这就是'平均地权'的方针。这个方针的正确的口号，就是'耕者有其田'。在这个阶段上，一般地还不是建立社会主义的农业，但在'耕者有其田'的基础上所发展起来的各种合作经济，也具有社会主义的因素。中国的经济，一定要走'节制资本'和'平均地权'的路，决不能是'少数人所得而私'，决不能让少数资本家少数地主'操纵国民生计'，决不能建立欧美式的资本主义社会，也决不能还是旧的半封建社会。谁要是敢于违反这个方向，他就一定达不到目的，他就自己要碰破头的。这就是革命的中国、抗日的中国应该建立和必然要建立的内部经济关系。这样的经济，就是新民主主义的经济。而新民主主义的政治，就是这种新民主主义经济的集中的表现。"（《新民主主义论》，《毛泽东选集》第二卷，第639～640页）

在文化方面，毛泽东说："所谓新民主主义的文化，就是人民大众反帝反封建的文化……这种文化，只能由无产阶级的文化思想即共产主义思想去领导，任何别的阶级的文化思想都是不能领导了的。所谓新民主主义的文化，一句话，就是无产阶级领导的人民大众的反帝反封建的文化。"（《新民主主义论》，《毛泽东选集》第二卷，第659页）他又说："民族的科学的大众的文化，就是人民大众反帝反封建的文化，就是新民主主义的文化，就是中华民族的新文化。新民主主义的政治、新民主主义的经济和新民主主义的文化相结合，这就是新民主主义共和国，这就是名副其实的中华民国，这就是我们要造成的新中国。"（《新民主主义论》，《毛泽东选集》第二卷，第669页）

他还批判了"全盘西化"的主张。他说："所谓'全盘西化'的主张，乃是一种错误的观点。形式主义地吸收外国的东西，在中国过去是吃过大亏的。中国共产主义者对于马克思主义在中国的应用也是这样，必须将马克思主义的普遍真理和中国革命的具体实践完全地恰当地统一起来，就是说，和民族的特点相结合，经过一定的民族形式，才有用处，决不能主观地公式地应用它。公式的马克思主义者，只是对于马克思主义和中国革命开玩笑，在中国革命队伍中是没有他们的位置的。中国文化应有自己的形式，这就是民族形式。民族的形式，新民主主义的内容——这就是我们今天的新文化。"（《新民主主义论》，《毛泽东选集》第二卷，第667页）

《新民主主义论》还特有一节，题为"驳左倾空谈主义"。毛泽东说："没有问题，现在的革命是第一步，将来要发展到第二步，发展到社会主义。中国也只有进到社会主义时代才是真正幸福的时代。但是现在还不是实行社会主义的时候。中国现在的革命任务是反帝反封建的任务，这个任务没有完成以前，社会主义是谈不到的。中国革命不能不做两步走，第一步是新民主主义，第二步才是社会主义。而且第一步的时间是相当地长，决不是一朝一夕所能成就的。我们不是空想家，我们不能离开当前的实际条件。"（《新民主主义论》，《毛泽东选集》第二卷，第644页）他还指出："'一次革命论'者，不要革命论也，这就是问题的本质。但是还有另外一些人，他们似乎并无恶意，也迷惑于所谓'一次革命论'，迷惑于所谓'举政治革命与社会革命毕其功于一役'的纯主观的想头；而不知革命有阶段之分，只能由一个革命到另一个革命，无所谓'毕其功于一役'。这种观点，混淆革命的步骤，降低对于当前任务的努力，也是很有害的。如果说，两个革命阶段中，第一个为第二个准备条件，而两个阶段必须衔接，不容横插一个资产阶级专政的阶段，这是正确的，这是马克思主义的革命发展论。如果说，民主革命没有自己的一定任务，没有自己的一定时间，而可以把只能在另一个时间去完成的另一任务，例如社会主义的任务，合并在民主主义任务上面去完成，这个叫做'毕其功于一役'，那就是空想，而为真正的革命者所不取的。"（《新民主主义论》，《毛泽东选集》第二卷，第646页）

毛泽东的这篇文章，于1940年首先发表于延安的《中国文化》杂志创刊号上。这篇文章虽然是以个人名义发表的，但是，其意义和影响是代表中国共产党发表了它的"建国大纲"和政治纲领。

第二节 毛泽东与"左"倾教条主义者的斗争

在新民主主义阶段，毛泽东与党内"左"倾教条主义者展开了斗争。

当时，中国共产党的领导阶层认为，应该依照西方资本主义国家及苏联的前例，由中国共产党领导城市中的无产阶级与军阀、资本家直接斗争，一有机会，就发动武装起义。毛泽东不以为然，他指出："革命的中心任务和最高形式是武装夺取政权，是战争解决问题。这个马克思列宁主义的革命原则是普遍地对的，不论在中国在外国，一概都是对的。但是在同一个原则下，就无产阶级政党在各种条件下执行这个原则的表现来说，则基于条件的不同而不一致。"（《战争和战略问题》，《毛泽东选集》第二卷，第506页）因为在西方资本主义社会的条件下，其无产阶级政党的任务，是组织工会，教育工人，可以进行长期的合法斗争，可以利用议会讲坛，可以实行经济的和政治的罢工，其组织形式是"合法的"，斗争形式可以是"不流血的（非战争的）"。遇到适当的时机，就改变合法的斗争为武装起义，一举推翻资本主义的统治，先占据城市，把革命从城市推向农村。

在半封建半殖民地的中国，条件就大不相同。在当时新旧军阀统治下，没有法律，没有议会，甚至共产党和工会的组织也都被禁止，无所谓"合法斗争"。要斗争，就只有武装斗争。这种情况，毛泽东归结为一句话："枪杆子里面出政权。"（《战争和战略问题》，《毛泽东选集》第二卷，第 512 页）

中国的无产阶级人数是比较少的，而农民群众则占全国人口百分之八十以上。毛泽东提出"工农联盟"的主张，共产党下乡组织农民武装起义，先占领农村，由农村包围城市，一反西方共产党的办法，领导中国革命，得到最后成功。这个战略符合中国当时的社会情况，也符合中国的历史情况。中国历史上有一个农民起义的传统，但农民并不代表新的生产关系。一次农民起义虽然成功了，也只是改朝换代，建立一个新的王朝，没有也不能改变封建制度。有了无产阶级和共产党的领导，情况就大不相同了。无产阶级虽不代表比资本主义更高一级的生产关系，但确实代表着比封建主义更高的生产关系。工农联盟，无论就哪一方面说，都是如虎添翼。本着这个战略，中国共产党在江西组织了苏区政权，有效地抵抗了蒋介石的"围剿"。以后，又在延安组织了抗日政权，领导沦陷区的人民进行游击战争，使日本帝国主义"以战养战"的妄想无法实现。

这些成功，都是"左"倾教条主义者所不能想像的。毛泽东总结这些成功的经验说："形式主义地吸收外国的东西，在中国过去是吃过大亏的。中国共产主义者对于马克思主义在中国的应用也是这样，必须将马克思主义的普遍真理和中国革命的具体实践完全地恰当地统一起来，就是说，和民族的特点相结合，经过一定的民族形式，才有用处，决不能主观地公式地应用它。公式的马克思主义者，只是对于马克思主义和中国革命开玩笑。"（《新民主主义论》，《毛泽东选集》第二卷，第667页）毛泽东说的"必须将马克思主义的普遍真理和中国革命的具体实践完全地恰当地统一起来"这句话，后来成为"毛泽东思想"的定义。马克思主义一经和中国革命的实践相结合，它就不是一般的马克思主义，而是中国化了的马克思主义，中国的马克思主义。"毛泽东思想"就是中国的马克思主义。

毛泽东曾用了一个形象的例子以为说明："马克思列宁主义理论和中国革命实际，怎样互相联系呢？拿一句通俗的话来讲，就是'有的放矢'。'矢'就是箭，'的'就是靶，放箭要对准靶。马克思列宁主义和中国革命的关系，就是箭和靶的关系……马克思列宁主义之箭，必须用了去射中国革命之的。"（《整顿党的作风》，《毛泽东选集》第三卷，第777～778页）射箭以"的"为主，以箭对着"的"，不是以"的"对着箭。好像医生看病，是以病为主，不是以药为主；只可对症下药，不可叫病人对药害病。革命也是如此，只能以革命的任务决定革命的性质，不能以革命的性质决定革命的任务。前者是对症下药，后者是对药害病。

为了从理论上批判"左"倾教条主义者，毛泽东写了两篇哲学论文——《实践论》和《矛盾论》。

第三节 《实践论》

　　毛泽东指出，人的认识的过程有两个阶段：感性认识阶段和理性认识阶段。他说："原来人在实践过程中，开始只是看到过程中各个事物的现象方面，看到各个事物的片面，看到各个事物之间的外部联系……这是认识的第一个阶段。在这个阶段中，人们还不能造成深刻的概念，作出合乎论理（即合乎逻辑）的结论。社会实践的继续，使人们在实践中引起感觉和印象的东西反复了多次，于是在人们的脑子里生起了一个认识过程中的突变（即飞跃），产生了概念。概念这种东西已经不是事物的现象，不是事物的各个片面，不是它们的外部联系，而是抓着了事物的本质，事物的全体，事物的内部联系了。概念同感觉，不但是数量上的差别，而且有了性质上的差别。循此继进，使用判断和推理的方法，就可产生出合乎论理的结论来……这个概念、判断和推理的阶段，在人们对于一个事物的整个认识过程中是更重要的阶段，也就是理性认识的阶段。"（《实践论》，《毛泽东选集》第一卷，第 261 ～ 262 页）

毛泽东在这里所举的例子是就一个团体（一个到延安参观的团体）说的，就个人的认识说，情况也是一样。个人的认识能力有两个组成部分：感官和思维。从感官得来的是感性认识，从思维能力得来的是理性认识。思维能力是人类所特有，人之所以别于禽兽、高于禽兽者就在此。譬如一只猫，它只能照着它的感性认识活动，见了可吃的东西就吃，听到可怕的声音就跑，疲倦了就睡觉，它的认识和活动，都只限于感性的阶段。无论是人或其他动物，就其认识能力来说，感性都不能自然上升为理性。人的感性认识上升到理性认识，不是量变，而是质变，是一个突变，一个飞跃。

飞跃的条件是抽象。毛泽东引列宁的话说："列宁说过：'物质的抽象，自然规律的抽象，价值的抽象以及其他等等，一句话，一切科学的（正确的、郑重的、非瞎说的）抽象，都更深刻、更正确、更完全地反映着自然。'"他又说："马克思列宁主义认为：认识过程中两个阶段的特性，在低级阶段，认识表现为感性的，在高级阶段，认识表现为论理的，但任何阶段，都是统一的认识过程中的阶段。感性和理性二者的性质不同，但又不是互相分离的，它们在实践的基础上统一起来了。我们的实践证明：感觉到了的东西，我们不能立刻理解它，只有理解了的东西才更深刻地感觉它。感觉只解决现象问题，理论才解决本质问题。这些问题的解决，一点也不能离开实践。无论何人要认识什么事物，除了同那个事物接触，即生活于（实践于）那个事物的环境中，是没有法子解决的。"（《实践论》，《毛泽东选集》第一卷，第263页）理性认识虽然高于感性认识，但必须以感性认识为根据。没有感性认识，理性认识就成了"无源之水，无本之木"。

感性认识和理性认识，是"认识"这个统一体的两个对立面，它们是相反而又相成的。用这个观点说明认识，这就是辩证唯物论的认识论。毛泽东说："理性认识依赖于感性认识，感性认识有待于发展到理性认识，这就是辩证唯物论的认识论。"（《实践论》，《毛泽东选集》第一卷，第268页）

毛泽东接着说："然而认识运动至此还没有完结。辩证唯物论的认识运动，如果只到理性认识为止，那末还只说到问题的一半。而且对于马克思主义的哲学说来，还只说到非十分重要的那一半。马克思主义的哲学认为十分重要的问题，不在于懂得了客观世界的规律性，因而能够解释世界，而在于拿了这种对于客观规律性的认识去能动地改造世界。在马克思主义看来，理论是重要的，它的重要性充分地表现在列宁说过的一句话：'没有革命的理论，就不会有革命的运动。'然而马克思主义看重理论，正是，也仅仅是，因为它能够指导行动。如果有了正确的理论，只是把它空谈一阵，束之高阁，并不实行，那末，这种理论再好也是没有意义的。认识从实践始，经过实践得到了理论的认识，还须再回到实践去。认识的能动作用，不但表现于从感性的认识到理性的认识之能动的飞跃，更重要的还须表现于从理性的认识到革命的实践这一个飞跃。抓着了世界的规律性的认识，必须把它再回到改造世界的实践中去，再用到生产的实践、革命的阶级斗争和民族斗争的实践以及科学实验的实践中去。这就是检验理论和发展理论的过程，是整个认识过程的继续。"（《实践论》，《毛泽东选集》第一卷，第268～269页）毛泽东提出了认识运动中的又一次飞跃，"认识"这个统一体中的又一对对立面：认识和实践。

《实践论》最后说："通过实践而发现真理，又通过实践而证实真理和发展真理。从感性认识而能动地发展到理性认识，又从理性认识而能动地指导革命实践，改造主观世界和客观世界。实践、认识、再实践、再认识，这种形式，循环往复以至无穷，而实践和认识之每一循环的内容，都比较地进到了高一级的程度。这就是辩证唯物论的全部认识论，这就是辩证唯物论的知行统一观。"（《实践论》，《毛泽东选集》第一卷，第 273 页）

马克思主义的主要原则是辩证唯物论，这个原则应用到历史学，就是历史唯物论。《实践论》的主题是应用这个主要原则到认识论。毛泽东屡次点出，他所讲的认识论是辩证唯物主义的认识论。其所以是辩证的，因为他用一个统一体的两个对立面的统一斗争这个原则来说明认识的发展过程；其所以是唯物的，因为在感性认识和理性认识这两个对立面中，毛泽东肯定感性认识是第一性的；在认识和实践这两个对立面中，他肯定实践是第一性的。

《实践论》所谓认识，和西方传统哲学所谓认识，其意义不尽相同。西方传统哲学所谓认识，主要是就个人说的，其主体是个人；《实践论》所谓认识，不是就个人说的，其主体可能是一个社会团体，也可能是整个社会。《实践论》所谓知、行，和中国传统哲学所谓知、行，其意义也不尽相同。中国传统哲学所谓知、行，也是专就个人说的；《实践论》所谓知、行，其意义就广泛得多了。在这个问题上，毛泽东倒和孙中山接近。孙中山的《孙文学说》的内容，主要讨论知、行问题，主张"行先知后、行易知难"。《实践论》中虽然没有明确地这样说，但全篇充满了这种思想，是很显然的。

毛泽东所说的实践是检验真理的标准，这个说法，从表面上看，似乎和实用主义接近；其实，二者是正相反对的。实用主义认为，如果一个设想能解决问题，它就是真理。至于为什么能解决问题，实用主义认为那就不必谈了，因为无论怎么谈，都没有使用的价值。马克思主义指出，一个设想能解决一个问题，是因为它符合客观实际。对于真理的性质，马克思主义和实用主义是决不相同的。实用主义所着重讲的是发现真理的方法，作为一种方法是可以的，但不可以把发现真理的方法作为真理的性质。

第四节 《矛盾论》

这篇文章，本来是毛泽东为了克服存在于党内的严重的教条主义思想而作的。其中接触到两个真正的哲学问题：其一是两个对立面的统一和斗争的问题，其二是一般与特殊、共相和殊相的关系的问题。对于这两个问题，毛泽东都用生动的语言加以说明。

关于第一个问题，毛泽东说："同一性、统一性、一致性、互相渗透、互相贯通、互相依赖（或依存）、互相联结或互相合作，这些不同的名词都是一个意思，说的是如下两种情形：第一、事物发展过程中的每一种矛盾的两个方面，各以和它对立着的方面为自己存在的前提，双方共处于一个统一体中；第二、矛盾着的双方，依据一定的条件，各向着其相反的方面转化。这些就是所谓同一性。"（《矛盾论》，《毛泽东选集》第一卷，第301～302页）

毛泽东在另一个地方说："总之，我们必须学会全面地看问题，不但要看到事物的正面，也要看到它的反面。在一定的条件下，坏的东西可以引出好的结果，好的东西也可以引出坏的结果。老子在二千多年以前就说过：'祸兮福所倚，福兮祸所伏。'日本打到中国，日本人叫胜利。中国大片土地被侵占，中国人叫失败。但是在中国的失败里面包含着胜利，在日本的胜利里面包含着失败。历史难道不是这样证明了吗？"（《关于正确处理人民内部矛盾的问题》）这是毛泽东于 1957 年在最高国务会议第十一次（扩大）会议上的讲话中说的。毛泽东又说："矛盾着的两方面中，必有一方面是主要的，他方面是次要的。其主要的方面，即所谓矛盾起主导作用的方面。事物的性质，主要地是由取得支配地位的矛盾的主要方面所规定的。然而这种情形不是固定的，矛盾的主要和非主要的方面互相转化着，事物的性质也就随着起变化。在矛盾发展的一定过程或一定阶段上，主要方面属于甲方，非主要方面属于乙方；到了另一发展阶段或另一发展过程时，就互易其位置，这是依靠事物发展中矛盾双方斗争的力量的增减程度来决定的。我们常常说'新陈代谢'这句话。新陈代谢是宇宙间普遍的永远不可抵抗的规律。依事物本身的性质和条件，经过不同的飞跃形式，一事物转化为他事物，就是新陈代谢的过程。任何事物的内部都有其新旧两个方面的矛盾，形成为一系列的曲折的斗争。斗争的结果，新的方面由小变大，上升为支配的东西；旧的方面则由大变小，变成逐步归于灭亡的东西。而一当新的方面对于旧的方面取得支配地位的时候，旧事物的性质就变化为新事物的性质。由此可见，事物的性质主要地是由取得支配地位的矛盾的主要方面所规定的。取得支配地位的矛盾的主要方面起了变化，事物的性质也就随着起变化。"（《矛盾论》，《毛泽东选集》第一卷，第 297～298 页）这就是说，一个统一体中的两个对立面，其各自的地位和作用不是平等的，有主有从，但其主从关系不是固定的。主可以转化为从，从也可以转化为主。一个国家的统治者可以转化为被统治者，被统治者也可以转化为统治者。毛泽东总结说："世界上总是这样以新的代替旧的，总是这样新陈代谢、除旧布新或推陈出新的。"（《矛盾论》，《毛泽东选集》第一卷，第 299 页）以上是毛泽东在《矛盾论》中所接触到的第一个真正哲学问题。

第二个真正哲学问题，是一般和特殊、共相和殊相的问题。毛泽东说："矛盾的普遍性和矛盾的特殊性的关系，就是矛盾的共性和个性的关系。其共性是矛盾存在于一切过程中，并贯串于一切过程的始终，矛盾即是运动，即是事物，即是过程，也即是思想。否认事物的矛盾就是否认了一切。这是共通的道理，古今中外，概莫能外。所以它是共性，是绝对性。然而这种共性，即包含于一切个性之中，无个性即无共性。假如除去一切个性，还有什么共性呢？因为矛盾的各各特殊，所以造成了个性。一切个性都是有条件地暂时地存在的，所以是相对的。这一共性个性、绝对相对的道理，是关于事物矛盾的问题的精髓，不懂得它，就等于抛弃了辩证法。"（《矛盾论》，《毛泽东选集》第一卷，第 294 ～ 295 页）

毛泽东又说："由于特殊的事物是和普遍的事物联结的，由于每一个事物内部不但包含了矛盾的特殊性，而且包含了矛盾的普遍性，普遍性即存在于特殊性之中，所以，当着我们研究一定事物的时候，就应当去发现这两方面及其互相联结，发现一事物内部的特殊性和普遍性的两方面及其互相联结，发现一事物和它以外的许多事物的互相联结。"（《矛盾论》，《毛泽东选集》第一卷，第 293 页）

他又说："这是两个认识的过程：一个是由特殊到一般，一个是由一般到特殊。人类的认识总是这样循环往复地进行的，而每一次的循环（只要是严格地按照科学的方法）都可能使人类的认识提高一步，使人类的认识不断地深化。我们的教条主义者在这个问题上的错误，就是，一方面，不懂得必须研究矛盾的特殊性，认识个别事物的特殊的本质，才有可能充分地认识矛盾的普遍性，充分地认识诸种事物的共同的本质；另一方面，不懂得在我们认识了事物的共同的本质以后，还必须继续研究那些尚未深入地研究过的或者新冒出来的具体的事物。我们的教条主义者是懒汉，他们拒绝对于具体事物做任何艰苦的研究工作，他们把一般真理看成是凭空出现的东西，把它变成为人们所不能够捉摸的纯粹抽象的公式，完全否认了并且颠倒了这个人类认识真理的正常秩序。他们也不懂得人类认识的两个过程的互相联结——由特殊到一般，又由一般到特殊，他们完全不懂得马克思主义的认识论。"（《矛盾论》，《毛泽东选集》第一卷，第285页）毛泽东从认识论的根本上，批判了当时在党内掌握领导权的教条主义者。他们对一切事情都照搬苏联的革命经验，完全不知道苏联革命是一个特殊，中国革命又是一个特殊，两个特殊各有自己的特点；在苏联是真理的东西，到中国就成为教条。他们常说，他们是百分之百的布尔什维克，所以绝对正确。其实，如果他们不是百分之百的布尔什维克，那倒有正确的可能；如果他们真是百分之百的布尔什维克，那就非犯错误不可了。毛泽东把马克思主义的普遍真理和中国革命实践相结合，这就是把一般和特殊相结合，以此领导中国革命走向胜利。

对于一般和特殊的问题，毛泽东归结为一般寓于特殊之中。一个"寓"字，准确地说明了一般和特殊、共相和殊相既有区别、又有联结的情况。这个提法，中国传统哲学称为"理在事中"。

对于两个对立面统一斗争的问题，毛泽东归结为："新陈代谢、除旧布新或推陈出新。"（《矛盾论》，《毛泽东选集》第一卷，第299页）

这是《矛盾论》的两个要点。

第五节 《矛盾论》与《中国革命战争的战略问题》

　　一个统一体的两个对立面既统一又斗争，就其统一这方面说，也可以说是两个伙伴。譬如：就一个贸易的关系说，其中必有两个伙伴——一个买者，一个卖者。没有买者就没有卖者，没有卖者也就没有买者。买者和卖者是一对对立面，也是一对伙伴。无论怎样说，他们都是互相依存的。它们互相依存而又互相斗争，都想占对方的便宜，这就是中国近代人所谓"商战"。这一对对立面或伙伴，因贸易这个关系而处于一个统一体中；又因同在一个统一体中而互相斗争，这就成为又统一、又斗争的局面。中国有句老话说"不是冤家不聚头"，说的就是这种情况。

　　一个统一体中的两个对立面，其中有一个是主要的，一个是次要的。这个主要、次要的分别是一回事。在一桩买卖交易中，有一方占便宜，必有一方吃亏。其占便宜者，就是主要对立面；其吃亏者，就是次要对立面。主要对立面的占便宜，就是次要对立面的吃亏，其实是一回事，并不是于主要对立面占便宜之外，还有一个次要对立面吃亏。这也正如会计学中借方和贷方平衡的道理一样。

在人类社会中，还有一种关系把不同的民族或国家联结为一个共同体，那就是战争。在一个战争共同体中，也有两个对立面，它们当然是对立的，但也可以说是伙伴的关系。没有这样的伙伴，也就没有战争了。中国有句老话："一个巴掌拍不响。"

在一个战争共同体中，其胜者为主要对立面，败者为次要对立面。其实，胜败就是一回事，胜者的胜就是败者的败，并不是于胜者之胜以外，另有一个败者之败。

在一个统一体的发展过程中，两个对立面的地位因条件的不同而经常互换，这就是对立面的转化。这在战争中最为明显。善于用兵的人，就是善于创造条件，使自己成为胜者，使敌人成为败者。毛泽东说："战争的胜负，主要地决定于作战双方的军事、政治、经济、自然诸条件，这是没有问题的。然而不仅仅如此，还决定于作战双方主观指导的能力。军事家不能超过物质条件许可的范围外企图战争的胜利，然而军事家可以而且必须在物质条件许可的范围内争取战争的胜利。军事家活动的舞台建筑在客观物质条件的上面，然而军事家凭着这个舞台，却可以导演出许多有声有色威武雄壮的话剧来。"（《中国革命战争的战略问题》，《毛泽东选集》第一卷，第166页）

当红军在江西苏区同蒋介石的军队作战时，红军数量和武器装备远远处于劣势。红军当时的战术是："适应当时情况的带着朴素性质的游击战争基本原则……就是所谓'敌进我退，敌驻我扰，敌疲我打，敌退我追'的十六字诀。"（《中国革命战争的战略问题》，《毛泽东选集》第一卷，第188页）这个"诀"的意义，是避免和敌人打面对面的硬仗，虽不能胜敌，但可以避免为敌所胜。

红军的战术，以后又有新的发展，使红军由劣势转化为优势。毛泽东说："中国红军以弱小者的姿态出现于内战的战场，其迭挫强敌震惊世界的战绩，依赖于兵力集中使用者甚大。无论哪一个大胜仗，都可以证明这一点。'以一当十，以十当百'，是战略的说法，是对整个战争整个敌我对比而言的；在这个意义上，我们确实是如此。不是对战役和战术而言的；在这个意义上，我们决不应如此。无论在反攻或进攻，我们总是集结大力打敌一部。……我们的战略是'以一当十'，我们的战术是'以十当一'，这是我们制胜敌人的根本法则之一。"（《中国革命战争的战略问题》，《毛泽东选集》第一卷，第 208～209 页）毛泽东根据辩证法对立面互相转化的原则，制定出一套在战争中以少胜多、以弱胜强的战略战术。这是《矛盾论》中提出的第一个要点的应用。

关于一般和特殊的分别，毛泽东作过极清楚的分析，在《中国革命战争的战略问题》一文中，毛泽东开头就说："战争的规律——这是任何指导战争的人不能不研究和不能不解决的问题。革命战争的规律——这是任何指导革命战争的人不能不研究和不能不解决的问题。中国革命战争的规律——这是任何指导中国革命战争的人不能不研究和不能不解决的问题。"（《中国革命战争的战略问题》，《毛泽东选集》第一卷，第 154 页）战争是"一般"，其内容是任何种战争都必须依照的规律。革命战争是一种战争，除了依照战争的一般规律外，还要依照这种战争的特殊规律。革命战争中，有苏联的革命战争，有中国的革命战争，这就是"特殊"。它们除了依照一般战争和革命战争的规律外，还各因其本国所特有的情况而有各自发展的规律。毛泽东指出，指导中国革命战争的人必须研究苏联的革命战争经验，从中学习战争和革命战争的规律，求得一般于特殊之中，但不可以照抄苏联的战争经验。"如果我们一模一样地照抄来用，丝毫也不变更其形式和内容，就一定是削足适履，要打败仗。"（《中国革命战争的战略问题》，《毛泽东选集》第一卷，第156页）这是毛泽东对于当时教条主义者的批判，也是《矛盾论》中提出的第二个要点的应用。

《中国革命战争的战略问题》和《矛盾论》这两篇文章，前者发表于1936年12月，后者发表于1937年8月。就发表时间说，前者早于后者八个月，但不能说《矛盾论》中那两个要点只是毛泽东在这八个月中才发现的；只能说毛泽东在1936年前后的几年之间，就已形成这一套思想。他先用军事学的形式发表出来，那就是《中国革命战争的战略问题》；后来又用哲学的形式把它发表出来，那就是《矛盾论》。这两篇文章互相发明、互为表里。

由此可见，在这个时期，毛泽东的思想既有理论的根据，又有实践的应用。在这个时期，他的思想是科学的，不是空想的。他是从革命的客观实际出发，以决定革命的性质和任务。

关于革命的任务和革命的性质的关系的问题，王夫之有两句话说得最简明"有因事以求理，无立一理以限事"。革命的性质就是"理"，革命的任务就是"事"。

可惜到了后来，集"君""师"于一身的毛泽东，以为"立理"可以"限事"了。

第六节　社会主义阶段

在解放战争胜利后，共产党把毛泽东提出的政治纲领一步一步地付诸实施。它首先称它所要建设的中国是"新民主主义的中国"。1949 年，中国共产党召集了当时的各民主党派开了一个政治协商会议，通过了《共同纲领》，作为临时宪法。这个纲领，在政治经济等方面的规定，都是以《新民主主义论》所说的原则为根据的，它就是《新民主主义论》的法律形式。其中，新民主主义的经济制度，包括五种经济同时并存，当时称为新民主主义经济。作为临时宪法的《共同纲领》的有效时期有多长呢？毛泽东在《新民主主义论》中说，有一个相当长的时期。究竟多么长，他没有说。据当时报刊上的报道，刘少奇说至少五十年，实际上是不到五年就变了。1954 年，全国人民代表大会制定了《中华人民共和国宪法》（以下简称《宪法》），这就正式取消了《共同纲领》的法律效力。

毛泽东于 1954 年 6 月 14 日，在当时中央人民政府委员会第三十次会议上，作了《关于中华人民共和国宪法草案》的讲话。讲话说：我们的总目标，是为建设一个伟大的社会主义国家而奋斗。我们是一个六亿人口的大国，要实现社会主义工业化，要实现农业的社会主义化、机械化，要建成一个伟大的社会主义国家，究竟需要多少时间？现在不讲死，大概是三个五年计划，即十五年左右，可以打下一个基础。到那时，是不是就很伟大了呢？不一定。我看，我们要建成一个伟大的社会主义国家，大概经过五十年即十个五年计划，就差不多了，就像个样子了，就同现在大不一样了。

《宪法》的调子和《共同纲领》是大不相同的。《共同纲领》的总目标是建设一个新民主主义的国家，《宪法》的总目标是建设一个社会主义国家。由于《宪法》的公布，中国革命就进入了一个新时期，由新民主主义革命进入到社会主义革命。这是一个大转折点。这个转折点，表示毛泽东对于革命方法的认识的大转变。在《新民主主义论》中，毛泽东所用的革命方法是以革命的任务决定革命的性质，以当时社会的性质决定革命的任务。当时中国的社会性质是半封建、半殖民地，所以当时革命的任务是反帝反封建，由此决定中国革命的性质，不能是社会主义革命，而只能是新民主主义革命。《共同纲领》就是实现新民主主义革命的措施。1954 年的《宪法》首先提出社会主义，这就是以革命的性质决定革命的任务。这个转变，在以后的中国社会中，引起了深远的后果。

毛泽东常说，革命就是解放生产力。作为一般的论断，这是不错的；但在历史发展的过程中，使其不能发展的，毕竟是些具体的东西。这些东西，就是某时某地革命的对象；消灭这些对象，就是其时其地的革命的任务；这个任务，决定其时其地的革命的性质。如果得到自然的发展，中国社会自然也会从封建社会进入到资本主义社会。在这个自然发展中，有其内部的阻力，那就是封建的残余势力；更重要的是其外部的阻力，那就是帝国主义。所以要解放中国社会的生产力，就必须反帝反封建，尤其是反帝。中国人民抗日的胜利，打败了日本帝国主义；解放战争的胜利，赶走了美帝国主义。1949 年 10 月 1 日，中华人民共和国举行开国大典，毛泽东在天安门上宣布说：中国人民站起来了。这个"站起来"，是对于帝国主义的束缚而言的。就是说，中国社会的生产力，已经从帝国主义的束缚下解放出来了。当时应该做的事，就是调动中国社会的生产力，以各种方式，由各种渠道，齐头并进。这就是当时的新民主主义道路。新民主主义经济所包括的五种经济，有资本主义经济。如果资本主义经济又发展成为中国社会的生产力的束缚，那就用社会主义再作解放，这就是革命分两步走。在《新民主主义论》中，毛泽东本来就是这样主张的。可是，1954 年的《宪法》过早地提出社会主义的总目标，毛泽东似乎也想合两步为一步、"毕其功于一役"了。他在《新民主主义论》中，特别有"驳'左'倾空谈主义"一节，曾几何时，毛泽东也走上了"'左'倾空谈主义"的路了。

这样的转变，当时在党内也引起了很大的争议。毛泽东批判继续搞"新民主主义"的人们，他说：有人在民主革命成功以后，仍然停留在原来的地方。他们没有懂得革命性质的转变，还在继续搞他们的"新民主主义"，不去搞社会主义改造。这就是犯右倾的错误。其中，"他们没有懂得革命性质的转变"这句话，说明毛泽东的思想方法与以前大不一样。他不是以革命的任务决定革命的性质，而是以革命的性质决定革命的任务。社会主义的内容是什么呢？他没有系统的理论，我们只可从他的零散言论和具体措施中窥其一斑。

毛泽东的社会主义思想，主要实现在农村中。中国人民解放战争胜利后，中国共产党把没收的地主的土地，按人口平均分配给农民，作为他们的私有物。几年之后又用合作社的形式，把农民连同他们所分得的土地组织起来，称为合作化。这种由分而合的过程，毛泽东称之为社会主义运动。这种组织由初级社到高级社，最后到人民公社。1958 年，本书的作者曾随同北大哲学系的师生一起被派到北京郊区帮助农民办人民公社，有机会亲自见到当时领导运动的人们所理解的社会主义是什么样子。照他们所宣传的，简直就是共产主义了。首先是"吃饭不要钱"。每一个公社都办起了公共食堂，本社的社员进去吃饭，都不要钱。据当时的宣传，以后其他公社的社员，也可以不掏钱来吃饭；再以后，任何人都可以不掏钱进公共食堂吃饭；最后，一个人可以走遍全中国，到处都可以走进公共食堂，不掏钱就吃饭，吃饭问题解决了。公社对于社员生活的各方面都包下来，社员的生、老、病、死，衣、食、住、行，都归公社包了。当时的公社，确实都是这样做的。社员的生活既然都被包下来了，他们就有余暇做艺术方面的活动，各公社都办起了画廊。至于这些费用从何而来，却没有具体地讨论，因为他们有个前提："人有多大胆，地有多高产"，只要人敢想，生产力就自然相应地提高。有一个公社的书记自以为他能把农业生产提高到亩产一百二十万斤，并且设置了试验田，插上牌子，写上"一百二十万斤试验田"。问他有什么办法，他说有一个秘诀：每亩地下埋一条死狗。

这种"共产风"当然是刮不久的，所以，不久就下令停止了。但其余波仍然泛滥不息，其主要的表现是养成人们习惯于说些大而空的话，当时却被称为"豪言壮语"。有一个笑话：曾有两句流行的歌谣："无产阶级一声吼，地球也要抖三抖。"唐山大地震时，有人风趣地说："别'吼'啦，别'吼'啦！一抖就受不了啦！"

可注意的是，他们所理解的"共产主义"的内容，实际上和康有为的《大同书》是一类的思想。其类似之处，在于都是空想的，不是科学的。毛泽东也曾指出："康有为写了《大同书》，他没有也不可能找到一条到达大同的路。"（《论人民民主专政》，《毛泽东选集》第四卷，第1360页）毛泽东的人民公社思想，真的是到达共产主义的路吗？实践已经做出结论了。

以马克思主义的历史唯物主义为理论基础的社会发展史，列举了五种社会类型，一层比一层高。每一新出现的类型，都代表一种新的生产关系。被毛泽东称为"一大二公"的人民公社，是否代表一种新的生产关系？不见得。在刮"共产风"的时候，农民不仅是公社社员，也还是他们原来家庭中的成员，仍处于他们原有家庭的组织中。每个社员，在公社劳动所得工分，并不归个人所有。他们回家后，还要如数交给家长，由家长支配。从这一方面看，人民公社倒像一个封建大家庭。这是因为在封建社会中，农民附着于土地，依靠自然经济生活，人民公社就是在这种基础上建立起来的，它并没有改变自然经济，所以还不能超出封建经济形态的范围。

第七节　极左思想阶段

　　毛泽东的极左思想，表现为"文化大革命"。这场大动乱，确实是"史无前例"的，把社会上的一切都闹了个天翻地覆。在学校里，不是先生教学生，而是学生教先生。在医院里，医生当看护，看护当医生。大学的学生不是通过考试入学，而是由工厂、人民公社和部队保送进来的，称为"工农兵学员"。他们首次进校的时候，大张旗鼓，学员们捧着或顶着毛泽东的半身石膏像，认为他们胜利了，知识分子被打倒了，以为只要有毛泽东的一道行政命令就可以进入知识的宝库，攀登科学的高峰。

　　毛泽东最喜欢引用《共产党宣言》中的一句话："要同传统的观念实行最彻底的决裂。"《共产党宣言》是从产业大革命说起，这次大革命引起了政治、经济、道德等社会各方面的大变动。《宣言》说："共产主义革命就是同传统的所有制关系实行最彻底的决裂；毫不奇怪，它在自己的发展进程中要同传统的观念实行最彻底的决裂。"（《马克思恩格斯选集》第一卷，第 271 ～ 272 页）这样说"要同传统的观念实行最彻底的决裂"这句话，就有了物质的基础，这是从革命的任务出发，是名副其实的革命。极左思想家离开了那些物质基础，而从他们所认为的革命性质出发，空谈要同传统观念彻底决裂，就是教条，就是超阶段的革命。当时的革命者们大破"四旧"，他们所要破的"四旧"是封建主义的"四旧"，其经济基础是自然经济。当时中国的革命任务应当是改变自然经济为商品经济，中国"四旧"中的宗法制度、家族思想，都是自然经济的产物。不从根本上下手，而只大批孔、孟，纵写千万篇文章，也是没有效力的。

当上层建筑和经济基础相冲突的时候，有两种情况：一种是生产力大发展，旧的生产关系不能与新的生产力相适应；新的经济基础已经改变，旧的上层建筑不能为它服务，而且成为它的束缚了。这是一种情况。另一种情况是新的生产关系不是由旧的生产力自然发展出来，新的上层建筑不是由旧的经济基础自然决定的。在前一种情况下，社会就要发生革命，这就是"革命就是解放生产力"那句话的确切意义。后一种情况，就是超阶段的革命，而超阶段的革命就要犯"左"倾空想的错误。其所以不能超阶段，是因为生产关系决定于生产力，上层建筑决定于经济基础；所以在革命发展过程中，革命的任务决定革命的性质，而不是革命的性质决定革命的任务。

这个道理，毛泽东在《新民主主义论》中已讲得很清楚，但不久就忘记了。使中国从半封建半殖民地的社会，直接进入社会主义的社会，就是超阶段的革命。所超的是什么阶段呢？这一点，在中国共产党的领导阶层中，经过几十年的实践，到最近才说清楚。最近，党的领导人说：能超过的，是资本主义制度；不能超过的，是商品经济。因为商品经济这一阶段不能超过，所以，想使中国这个半封建半殖民地的社会进入社会主义，必须经过新民主主义的阶段，这就是现在说的社会主义初级阶段。这个阶段，从民主主义的观点看，就称为"新民主主义"；从社会主义的观点看，就称为"社会主义初级阶段"。其理论内容和实际措施是一致的，其总方向是要建设一个没有资本主义制度、没有资本家的商品经济。这是一个伟大的试验。如果成功，那就是具有中国特色的社会主义了。

《共产党宣言》的"彻底决裂"是革命；有极左思想的"革命者"的"破四旧"是超阶段的革命。

毛泽东的思想发展的三个阶段，其性质是大不相同的。第一阶段是科学的，第二阶段是空想的，第二阶段之所以是空想的，是因为革命的领导者认为，革命的性质可以决定革命的任务。这就是认为上层建筑可以决定经济基础。这是和马克思主义的历史唯物主义的根本原则直接违反的，这是一个大问题。毛泽东在《矛盾论》中专有一段讨论这个问题。所谓"共产风"是第二阶段的非正式的延伸，不足为另一阶段。

第八节　空想共产主义与科学共产主义

　　依照马克思主义的原则，共产主义有空想的和科学的之分。中国的马克思主义者，常引马克思的一句话："一天等于二十年。"这句话，可能有两种解释：一种解释是一个社会的生产力，如果能提到比资本主义高几千倍，那就可以实现共产主义了；另一种解释是如果打出共产主义的旗号，社会生产力就会比以前高几千倍。前一种说法是科学共产主义，因为它的依据点是社会生产力的提高；后一种说法是空想共产主义，因为它的立足点是人们的愿望。马克思的本意是什么，这里暂不考证。在刮"共产风"的时候，人们引用这句话是用第二种解释去理解的，所以认为只要打出共产主义的旗号，粮食的亩产就会提高到一百二十万斤。这当然是空想共产主义。极左思潮就是空想共产主义。极左思潮在所谓"文化大革命"时期，达到了高潮，统治了中国，造成了十年动乱。

　　根据列宁的说法，马克思主义有三个来源，其中之一是法国18

世纪的空想共产主义。空想共产主义的立足点是宗教的、道德的理想，而科学共产主义的立足点则应是生产力的发展和提高。按照唯物史观的原则，历史的发展是靠生产力的提高，生产力的提高是靠新的生产工具的应用。在人类历史上，封建社会取代奴隶社会，是由铁器的普遍使用带来的生产力的革命而引起的。西方资本主义的兴起，则是由于第一次产业大革命，以蒸汽为动力的机器把社会生产力一下子提高了几百倍，以至几千倍。生产力提高了，社会生产方式也要有相应的改变，这就构成了新的生产关系，这就是资本主义。这个过程，马克思在《共产党宣言》中讲得很清楚。他进一步指出，在资本主义社会中，社会矛盾集中为两个对立面：资产阶级和无产阶级。照这样的分析，无产阶级不过是与资产阶级共存于资本主义这个统一体中的一个对立面。它和资产阶级一样，是资本主义生产方式的产物，不代表新的生产关系，因为新的生产关系还没有出现。这就如中国封建社会中的农民一样，农民只是封建社会中地主阶级的对立面，不代表新的生产关系，因而即使它通过起义，夺得了政权，也不可能建立新的社会形态。

在没有出现由生产工具的革命引起的生产力的突飞猛进发展，也没有出现由生产力的发展造成的生产关系改变的情况下，马克思主义的共产主义理论却告诉人们，无产阶级是新生产关系的代表，无产阶级领导的革命可以人为地改变由生产力水平决定的客观历史进程，建立社会主义，这就与唯物史观相矛盾了。由此看来，这个理论带有很大的空想成分。当然这并不是说，无产阶级不能进行革命，不能取得政权。而是说，不能不顾及生产力的发展水平，超前建立社会主义。无产阶级即使取得了政权，其革命任务也应该是推动生产力的发展，为更高一级社会形态的出现准备条件。因此，其革命性质只能是资产阶级性的民主主义革命，在中国就是新民主主义革命。在这个问题上，只能遵循历史发展的客观规律，不能靠空想办事情。

空想的东西，是经不起实践的考验的。现在世界上的社会主义国家都在改革，他们都是在实践中发现了空想共产主义的错误。根据过去推测未来，如果世界上真有比资本主义更高一级的新的生产关系出现，那就需要有第二次产业大革命，第二次产业大革命的来临，已经出现了苗头。以蒸汽为动力的机器，把人从体力劳动中解放出来；现在出现的电子计算机，把人从脑力劳动中解放出来，人的计算能力，一下子提高了百万倍，乃至千万倍。再加上，例如超导体等发明，社会生产力真可能"一天等于二十年"，提高几千倍；如真实现，比资本主义更高一级的生产关系就自然出现了。

空想家的空想也是有内容的，不过它的内容是从旧的生产关系中取来的，因为新的生产关系还未出现。这不能怪他们，人类的思想总是以其经验为资料的。以旧的资料配上新的名称，这可叫做"新瓶装旧酒"。在社会大转变时期，有"旧瓶装新酒"，也有"新瓶装旧酒"。就其对于社会的影响说，"旧瓶装新酒"比较好些。无论瓶子怎样，它装的总还是新酒。

上文说过，人民公社是毛泽东所提倡的社会主义运动的一个重要内容；但从另一方面看，人民公社又像是一个封建大家庭。在那样的家庭中，每一个家庭的成员都依赖于家庭而生活。成员有收入，都要如数上交家长；如果没有收入，也照样受家庭的供给。家庭为其成员准备了"大锅饭"，成员都有"铁饭碗"，人民公社的公共食堂，正是准备了这样的"大锅饭"。所行的各种"包"，把社员的依赖心都"包"下来了。这就是"新瓶装旧酒"。直到现在，"大锅饭""铁饭碗""平均主义"，还是改革的阻碍。

第八章

中国哲学现代化时代中的理学（上）

——金岳霖的哲学体系

在新文化运动的鼓舞和推动下，随着新文学的产生，新哲学也产生了。冯友兰著两卷本《中国哲学史》最后一章的最后一节，题为"经学时代之结束"，其中说："本篇第一章谓中国哲学史，自董仲舒以后，即在所谓经学时代中。在此时代中，诸哲学家无论有无新见，皆须依傍古代哲学家之名，大部分依傍经学之名，如以旧瓶装新酒焉。中国与西洋交通后，政治社会经济学术各方面，皆起根本的变化。此西来之新事物，其初中国人仍以之附会于经学，仍欲以此绝新之酒，装于旧瓶之内……历史上时代之改变，不能划定于某日某时。前时代之结束，与后时代之开始，常相交互错综。在前时代将结束之时，后时代之主流，即已发现……故中国哲学史中之新时代，已在经学时代方结束之时开始。所谓'贞下起元'，此正其例也。不过此新时代之思想家，尚无卓然能自成一系统者。故此新时代之中国哲学史，尚在创造之中；而写的《中国哲学史》，亦只可暂以经学时代之结束终焉。"（《中国哲学史》下册，商务印书馆1934年9月版，第1040～1041页。又见《三松堂全集》第三卷，第427～428页）。

这里所说的"卓然能自成一系统"的哲学著作，在 40 年代初，果然出现了。中国哲学史完结了经学时代，进入了现代化的新时代；写的《中国哲学史》，也开始了新的一页。历史的发展是不能割断的，在发展的过程中，任何一个时代对于前一个时代，都不是全盘否定，而是扬弃。在扬弃中完成了承先启后、继往开来的责任。现代化时代的哲学家也沿用了宋明道学的词句，但并不是依傍于宋明道学；是"接着讲"，而不是"照着讲"的。

　　道学的主要两个派别是理学和心学。在哲学中本来有这两个派别。在西方哲学中，柏拉图、亚里斯多德是理学的代表人物，康德、黑格尔是心学的代表人物。中国哲学史现代化时期，也有这样的两派，本书称之为新理学和新心学。新理学的一个代表人物是金岳霖。

　　金岳霖（1895～1984），字龙荪，湖南长沙人。清华学校毕业，美国哥伦比亚大学哲学博士。曾任清华大学、北京大学哲学系教授兼主任，清华大学文学院院长，中国科学院哲学社会科学部学部委员，哲学研究所研究员兼副所长，中国社会科学院哲学研究所研究员兼副所长。重要著作有《逻辑学》《论道》《知识论》。

第一节 道、式、能

《论道》初版于 1940 年。这部书的结构很奇特。西方近代哲学家斯宾诺莎的《伦理学》，为了表示谨严，是用几何学的形式写的；中国近代谭嗣同的《仁学》，为了表示谨严，是用代数学的形式写的；金岳霖的《论道》，是用逻辑学的形式写的。书是一条一条地写的，每条都用一个逻辑命题表示，下面再加说明。没有长篇大论，而各条合起来，自成篇章。

《论道》第一章提出了全书的三个主要概念——道、式、能，这三个概念并不是平行的。该章第一条说："道是式——能"，第二条说："道有'有'，曰式曰能。"解释说："这里的道是哲学中最上的概念或最高的境界。"这里所说的道，指宇宙及人对于宇宙的理解。金岳霖在这一章还没有提出宇宙这个概念，但在第八章，他对于这个概念有较详细的说明。他指出："'宇宙'是'全'。'全'表示整体。宇宙不仅是时空架子而且包含时空架子里所有的一切。时空架子是宇宙底部分，而宇宙不是任何东西底部分……这里的宇宙不是天文学家所量的宇宙。天文学家所量的宇宙，无论其直径多么长，总不是包罗万象的宇宙。能够说直径多么长的宇宙根本不是'全'，它总是某时期内的'世界'，所以说总是一部分。"（《论道》八·二〇，商务印书馆本，第218页）宇宙就是一切，所以称为"大全"。《庄子》中有一句话说："至大无外，谓之大一。"所谓"大一"，只有宇宙足以当之，其特点就是"无外"。这个"一"字，不是一、二、三、四之"一"。它既是无外，就不可能有第二个那样的"一"了。"道"就是宇宙，所以是"哲学中最上的概念"。

这里所说的"道"又兼指人对于宇宙的理解，所以它又是哲学中"最高的境界"。这个理解有指导人生的作用，这就是韩愈所说的"由是而之焉"那句话的意义。金岳霖不大喜欢那个意义，但他又觉得那个意义"不必太直，不必太窄，它底界限不必十分分明，在它那里徘徊徘徊，还是可以怡然自得"（《论道》八·二〇，第219页）。后边这几句话，说的是上边所说的"最高的境界"。

该章的第一条说"道是式——能"，这是说道的基本内容就是式、能。道就是宇宙，宇宙就是一切。一切的东西加以逻辑的分析，就可见都是由两部分结合而成。一部分金岳霖称为"式"，一部分称为"能"。所以，道的基本内容就是"式"和"能"。

第二条说："道有'有'，曰式曰能。"照他的说法，"式"是一个套子，"能"可以套上这个套子，也可以套上那个套子，也可以同时套上许多套子，也可以从这个套子出来，换上那个套子。这就是该章第十六条所说的"能有出入"。一个"式"在还没有"能"套进去的时候，它仅是一个空套子，只是一个"可能"。必须有"能"套进去，"可能"与"能"相结合，这个"式"才成为现实。本条特别提出"有"字，因为常识及一部分哲学家都认为只有现实的东西才是"有"，"式"既然只有一个"可能"，那就是"没有"。本条的提出，就是要特别肯定没有套入"能"的"式"虽然不是现实，也不是"没有"。如果根本没有这个"可能"，"能"又套入什么呢？

"能"究竟是什么，金岳霖说，这就不能说了。因为一说它是什么，那就把它套入一个"可能"了。该章第三条说"有能"，解释说："这里的'能'字是命名的名字，好像张飞、关羽一样，不是形容事物的名词，如红、绿、四方……等等。名字叫'能'的那 × 不是普通所谓东西，也不是普通所谓事体。"

金岳霖所说的"能"，近于道家所说的"道"。"道"的一个特点，就是"无名"。《老子》说："吾不知其名，字之曰道。"金岳霖所说的"能"的特点，也是"无名"，称它为"能"，也不过是"字之"而已。

金岳霖所说的"式"和"能"，相当于理学所谓"理"和"气"（"相当"并不等于"相同"）。中国传统哲学所谓"气"，原来是一种自然物质，自朱熹以后就不是如此了。朱熹说，"气"是"生物之具"，"气"就是一个逻辑概念，近乎金岳霖所谓"能"了。

宇宙及其中事物的发展，是一个由"可能"到现实的历程。古今中外的大哲学系统，都以说明这个历程为其主要内容。金岳霖的《论道》的内容，也是说明这个历程。在这个历程中，有许多阶段、环节，金岳霖在《论道》中也都说明了。他的说明和理学往往相合。

《论道》的第二章标题是《可能底现实》，这就开始说明那个历程了。第一条说"可能之现实即可能之有能"。这是说，一个可能如果有"能"套入，它就成为现实了。这是总括上章所说的道理，以说明所谓现实的意义。第二条说"有不可以不现实的可能"。第三条说"现实是一现实的可能"。第四条说"无不可以现实的可能"。第五条说"有老是现实的可能"。

这些话都是说从可能到现实这个历程是无始无终的，因为"现实"也是一个可能，而且是一个"老是现实的可能"。现实这个可能既然"老是现实"，它当然就是无始无终了。理学家也是这样说的。他们说："动静无端，阴阳无始。"

"无不可以现实的可能"，所以这个现实的内容总是非常丰富的，那就是现实的世界。"有未现实的可能"（《论道》二·九，第46页），"未现实的可能"将来总是要现实的。

《周易·系辞》赞美"易"说："盛德大业，至矣哉！富有之谓大业，日新之谓盛德。"金岳霖所说的现实世界，可以说是既"富有"又"日新"了。

金岳霖又讲到所谓"轮转现实"："最显而易见的说法，就是说'能'有出入，其出也必有所入，其入也必有所出。出入之间就有轮转现实底可能与轮转现实的可能……可能无所谓轮转，即'现实'这一可能亦无所谓轮转；但'现实'不仅是可能，而且是一现实的可能；这老是现实的可能底内容是老在那里轮转的。这就是说，可能虽无所谓轮转，而可能底现实与不现实老有轮转。"（《论道》二·九，第49～50页）

该章第十三条说"变是一现实的可能"。下面解释说："这里的变就是可能底轮转现实。有轮转现实的可能，就有轮转现实这一可能；有轮转现实这一可能，就有变这一可能。轮转现实不仅是一可能，而且是现实的可能，所以变也是一现实的可能。变不仅是一现实的可能，而且是老是现实的可能。它是老是现实的可能，因为它是任何东西所不能逃的现实。可是它虽是任何东西所不能逃的现实，而我们也找不出纯理论上的理由去表示它必然现实，所以它不是一不可以不现实的可能。变是头一个老是现实的可能底例。"（《论道》二·九，第50页）"变"是宇宙间的一个最普遍的现象，是哲学中的一个最重要的概念，说明"变"也是哲学的一个最重要的课题。《周易》的"易"字的一个主要意义就是"变"。

金岳霖接着说："变当然不是可能底变，因为可能无所谓变与不变，即'变'这一可能也无所谓变与不变。这是显而易见的；好像'动'一样，动的东西固然动，而'动'这一可能不动；扰万物者莫急乎风，而风这一可能不扰万物。变既不是可能底变，而在现在这一章里，所谓'东西'者尚没有提出来，变只能是可能底轮转现实底变。以后我们也许要表示'东西'底变就是这里的变，但至少在现在，这里的变不必是'东西'底变。这里的变是不久就要提出的'本然世界'底变，而本然世界不必有我们所谓'东西'那样的东西。这就是说，在本然世界，'东西'这一可能不必现实。所以至少在现在我们只说变是可能底轮转现实底变。"（《论道》二·九，第50～51页）

金岳霖在这里指出，"变"的可能并不变，"动"的可能并不动，这一点很重要。凡"式""可能""概念"，都是如此。人们往往认为，"动"的可能必然是动得飞快，"红"的可能必然是红得鲜红。其实，"动"的可能并不动，"红"的可能并不红。必须认识清楚这一点，才算是入了哲学的门。

该章第三十条说："本然世界是老是现实的'现实'。"解释说：

"这句话底意思表示我们所谓'本然世界'是所有曾经现实及任何时现实着的可能，而这就是现实了的'现实'这一可能。"又指出："变、时间、先后、大小……等都是这本然世界底情形。这本然世界，除新陈代谢外，似乎没有什么可说的。可是，我们要表示它是现实的世界。从前已经表示过，'现实'底现字没有现在底意思，只有现出来底意思，而实字没有存在底意思，只有实在底意思。本然世界是实实在在现出来的世界。它虽然是实实在在现出来的世界，而它不必就是现在所有的这样的世界……在这本然世界里，变是有的，时间是有的，前后、大小都是有的……本然世界是先验的世界。这不是说我们对于它的知识是先经验而有的，这是说只要有可以经验的世界，我们就得承认有这样的、本然的、轮转现实的、新陈代谢的世界。"（《论道》二·九，第 64 ~ 65 页）

照这些话所说的所谓"本然世界"，就是"老是现实"的那些可能的现实所实现的现实世界。所以金岳霖说，在其中不必有我们现在世界所有的那些事物，因为那些事物并不是老是现实的可能的现实。上边所说的关于现实世界的话，有些只是对于本然世界说的。例如说现实世界无始无终，这就只是对于本然世界说的。至于我们现在所经验的现实世界，那就有始有终了。地球是有始的，太阳系是有始的，它们将来有终，也是可以想像的。本然世界并不是我们现在所有的经验中的世界，但一切经验中的现实世界，都必须以本然世界为前提。从常识看起来，所谓本然世界似乎有点虚无缥缈；但从逻辑推论起来，它是实实在在的。这是一个真正的哲学的概念。

第二节　共相与殊相，一般与特殊

　　《论道》第三章的标题是《现实底个体化》。这是从可能到现实的历程中的一个重要环节。该章第三条说"现实底具体化是多数可能之有同一的能"。"具体化"和"个体化"意思是一样的。每一个体都有许多的性质，这就是同一的能套入许多可能。金岳霖解释说："普通所谓具体是与抽象相反的。它有两成分：（一）它是可以用多数谓词去摹他底状的；（二）无论用多少谓词去摹他底状，它总有那谓词所不能尽的情形。后面这一成分似乎是哲学方面的一个困难问题。如果具体的东西没有后面这一成分，我们可以说它就是一大堆的共相，或一大堆的性质，或一大堆的关系质；但具体的东西既有后面这一成分，它不仅是一大堆的共相，或一大堆的性质，或一大堆的关系质。它有那非经验所不能接触的情形，而这情形就是普通所谓'质'、或'体'、或'本质'、或'本体'。"（《论道》三·四，第 69 ～ 70 页）这里所说的后一成分，就是那"同一的能"。任何一个个体都有难以数计的性质，这就是同一的"能"套入了那难以数计的"可能"。这种情况就是该章第一条、第二条所说的"现实并行不悖"和"现实并行不费"。同一的能可以同时套入那难以数计的可能，这些可能，必然是并行不悖。这些可能的现实，只需要同一的能，这就是并行不费。

该章第九条说："共相是个体化的可能，殊相是个体化的可能底各个体。"解释说："普通所谓共相是各个体所表现的、共同的、普遍的'相'；或从文字方面着想，相对于个体，共相是谓词所能传达的情形；或举例来说，'红'是红的个体底共相，'四方'是四方的个体底共相……等等。共相是哲学里的一个大问题，尤其是所谓共相底实在问题……共相当然是实在的。相对于任何同一时间，可能可以分为两大类：一是现实的，一是未现实的。未现实的可能没有具体的、个体的表现，它根本不是共相；因为所谓'共'就是一部分个体之所共有；未现实的可能，既未现实，不能具体化，不能个体化，本身既未与个体相对待，所以也无所谓'共'。如果世界上没有个体的鬼，'鬼'不是共相；七十年前没有一个一个的飞机，'飞机'在那时候仅是可能，不是共相，现在既有个体的飞机，'飞机'不仅是可能，而且是共相……共相当然实在，不过它没有个体那样的存在而已。一方面它是超时空与它本身底个体的，另一方面它既实在，所以它是不能脱离时空与它本身底个体的。这两方面的情形没有冲突。设以 φ 为共相，而 X_1，X_2，X_3……X_n……是 φ 共相下的个体，φ 不靠任何 X 底存在或任何 X 所占的时空才能成其为共相，那就是说 X_1，X_2，X_3……X_n……之中，任何个体的 X

不存在，而 φ 仍为共相，可是，φ 不能脱离所有的 X_1，X_2，X_3……X_n……而成为共相，因为如果所有的 X_1，X_2，X_3……X_n……都不存在，则 φ 不过是一可能而已。这两方面的情形都很重要。由前一方面说，共相超它本身范围之内的任何个体，由后一方面说，它又不能独立于本身范围之内的所有的个体。由前一方面说我们可以说共相是 Transcendent 的，由后一方面说，我们也可以说它是 Immanent 的。至于可能，无论从那一方面看来，总是 Transcendent 的。共相没有个体所有的时空上的关系，一本黄书在一张红桌子上，并不表示'黄'共相在'红'共相之上，在东边的东西比在西边的东西多，并不表示'在东'这一共相比'在西'这一共相多。如果我们老在这一条思路上走，我们可以说出许多表面上似乎玄妙而其实没有什么玄妙的话，例如：'变'不变，'动'不动，'在东'不在东，'在西'不在西，'大'不大，'小'不小……等等。这些话里面看起来似乎有矛盾，而其实也不过是表示共相没有个体所有的时空上的关系……等等。殊相是与共相相对待的。这本黄书底'黄'，这张红桌子底'红'都是此处的殊相。它们虽是相，而免不了为殊。"（《论道》三·四，第 73～74 页）

在 30、40 年代，关于共相的讨论是中国哲学界都感到有兴趣的问题，特别是共相存在的问题。冯友兰主张共相先个体而"潜存"，认为未有飞机已有飞机之理。金岳霖对于这个问题作了进一步的分析，指出：共相是现实的，现实必然个体化，而共相又不是一个一个的个体。一个一个的个体是殊相，殊相必然在时间空间中占有一定的位置。共相不是殊相，不在时间空间中占有一定的位置，它超越殊相和时空。就这一方面说，它是 Transcendent。但共相又不能完全脱离殊相，如果完全脱离，那就只是一个可能，而不是现实的了。就这方面说，共相又是 Immanent，这种情况就是所谓"一般寓于特殊之中"。经过这样的分析，不但当时争论的问题得到了解决，理学中关于"理在事上""理在事中"的争论也成为多余的了。

第三节 性与尽性

　　照这样说，"共相"相当于理学所说的"性"。《论道》第三章第二十二条说："一现实可能底个体底尽性是那些个体达到那一现实可能底道。"接着解释说："这一条底'性'底意义与以上所说的不同，此不同点在本条底文字上可以寻找出来。以上的意义是宽义的 Quality，本条底意义是狭义的 Nature。现在把前者叫作属性，后者叫作主性，二者合起来叫作性质。以上所说的是 X 个体底形色状态，没有说 X 是怎么样的个体。设 X 有 φ、ψ、θ、λ……等等性质，这些性质都是宽义的性质。可是，φ、ψ、θ、λ……等等都是现实的可能，X 是 φ 这一现实可能底个体（兹以 X_4 表示之），X_4 有它底主性，ψ、θ、λ……虽都是 X 个体底性质（Qualities），可不都是 X_4 底主性。ψ、θ、λ……之中有好些对于 φ 不相干，有好些是 φ 可能底定义所必具的主性。本条所说的不是 X 个体底尽性，是 X_4 底尽性。"如："'纸'有定义，'纸'底定义牵扯许多其他的可能；一张纸有性质，它底性质也牵扯到许多其他性质，一张纸底尽性就是充分地现实它所牵扯的可能。充分地现实纸这一可能就是达纸之所以为纸的道。""我们要注意本条是一普遍命题。任何现实可能底个体都有它必具的性质，万物各有其性就表示这个意思。"（《论道》三·四，第86～87页）

这就是说，任何个体都有许多性质，可以归入许多的类。从某一类的观点看，可以使某一个体列入本类的性质，就是它的主性；其他与主性不相干的性质，就是它的属性。本性就是某一类个体之所以为某一类者，为某一类的定义所必需举出者。例如人是理性动物，他既然是一种动物，就必然有动物性；但动物性并不是他的主性，他的主性是理性。理学说，人有"义理之性"和"气质之性"，前者是人的主性，后者是人的属性。

金岳霖接着说："可是，物之不同各如其性，每一现实可能底个体都各有它底特性。有些性质简单，有些复杂，有些尽性容易，有些尽性烦难，有些尽性底程度高，有些尽性底程度低，有些个体能尽性与否差不多完全靠外力，有些至少有一部分靠它们本身。以后谈到人当然也有尽性问题。一个人似乎是最复杂的个体，尽性问题也最麻烦。所有人事方面的种种问题都与这尽性有关。"（《论道》三·四，第87页）理学的主题，就是讨论人如何尽性。

第四节　理与命

　　《论道》第七章的题目是《几与数》。在这一章中金岳霖提出了好几个概念。这些概念，在理学中都常出现，而且占重要地位。金岳霖在主观上，并不是为了发展理学而提出这些概念；在客观上，他所提出的这些概念，恰好和理学中的概念相当。

　　该章第一条说："能之即出即入谓之几。"解释说："第一章说能有出入。能既有出入，当然有入此出彼底情形发生。既出彼入此，也当然有未入而即将入未出而即将出的阶段。此即出即入我们叫作几。几字从前大概没有这用法。"（《论道》三·四，第168页）这个"几"字在中国传统哲学中，正是这样用法。《易·系辞》说："几者动之微，吉之先见者也。君子见几而作，不俟终日。"

　　第二条说："有理几，有势几，自能之即出入于可能而言之几为理几；自能之即出入于个体底殊相而言之几为势几。"解释说："在自然史上某时期有某某种动物或植物，而在某另一时期无此种动物或植物。所谓有某某种动物或植物，照本书底说法就是能之入于某某可能；而所谓无某某种动物或植物就是能之出于某种可能。能既出入于可能，当然也即出入于可能。这样的几为理几。""能不仅出入于可能而且也出入于个体底殊相。所谓出入于殊相就是前此说的殊相底生灭。入于一殊相就是一殊相底生，出于一殊相就是一殊相底灭。出入于殊相与出入于可能当然不同。出入于一殊相不必就是出入于相应于该殊相的可能。""这两种出入既不相同，这两种即出即入也不相同。能之即出即入于可能我们叫作理几，能之即出即入于个体底殊相我们叫作势几。"（《论道》三·四，第168～169页）

第八条说："有理数有势数，自能之会出入于可能而言之数为理数，自能之会出入于个体底殊相而言之数为势数。"（《论道》三·四，第175页）这两条所说是与"势"相对的"理"，正相当于理学所说的"理"。照这里所说，"理"是就"可能"说的，"势"是就"个体底殊相"说的。用中国传统哲学的话说，前者属于天，后者属于人。理学称理为"天理"，与"天理"相对者为"人欲"。"天理"和"人欲"相对而言，正如这里把"理"和"势"相对而言。

第六条说："相干于一个体底几对于该个体为运。"解释说："所谓相干是有影响，所谓不相干是无影响。"（《论道》三·四，第173页）第十一条说："相干于一个体底数对于该个体为命。"解释说："从道底观点而言之，所有个体底运都是几，所有个体底命也都是数……至于从各个体底观点说，我们的确可以说各个体底变动不为运先不为运后，出于运入于运，而又无所逃于命……'命'在日常生活中似乎有决定底意义，有无可挽回不能逃避底意义，此意义在本书以能之会出会入表示……根据会字底用法，命虽是无可挽回的，无可逃避的，而它不是逻辑那样的必然的，也不是自然律那样的固然的。"（《论道》三·四，第178页）"运"与"命"两个字普通多连用，或曰"运命"，或曰"命运"，简言曰"命"。在理学中，"命"是一个重要概念。《周易·说卦》说："穷理尽性，以至于命。"周悖颐的《通书》第一章标题为"理性命"。理学把穷理、尽性、至命列为三个修养的目标和下手的工夫。金岳霖在这一章用他自己的方法，对于"理性命"作了新的说明。

第五节　无极而太极

《论道》第八章的题目是《无极而太极》。以上各章讲的是宇宙从可能到现实的历程及其中的重要环节；这一章讲的是这个历程的方向和归宿，可以说是全书的总结。这章第一条说："道无始，无始底极为无极。"解释说："道无始，所谓无始就是说无论把任何有量时间以为道底始，总有在此时间之前的道；或者说从任何现在算起，把有量时间往上推，推得无论如何的久，总推不到最初有道的时候……这极是极限的极，是达不到的极。它虽然是达不到的，然而如果我们用某种方法推上去，无量地推上去，它就是在理论上推无可再推的极限，道虽无有量的始，而有无量地推上去的极限。我们把这个极限叫作无极。"（《论道》三·四，第 193 页）

他接着说："无极是固有的名词，也许它从前有此地的用法，也许没有。从意义底谨严方面着想，大概能够不用固有的名词最好不用，因为不用的时候，可以免除许多的误会。可是，玄学上的基本思想不仅有懂不懂底问题，而且有我们对于它能够发生情感与否底问题。从这一方面着想，能够引用固有的名词，也许我们比较地易于接受这名词所表示的思想。好在研究这门学问的人不至于因名词底相同，就以为意义也一定相同。"(《论道》三·四，第 193 页）这一段话，对于全书有"发凡起例"的作用。在以上各章中，金岳霖用了许多传统哲学中的名词，他尽可以不用，但他还是用了。其原因大概就是如上所述。

金岳霖在这里所说的是哲学史发展的一个规律。历代的哲学家，往往沿用前代哲学家所用的名词，但其意义不必与前代哲学家完全相同。这就是冯友兰在《新理学》中所说"接着讲"与"照着讲"的不同。因其是"接着讲"，所以，在哲学史的发展过程中有承先启后、继往开来的作用。

该章第三条说："无极为无，就其为无而言之，无极为混沌，万物之所从生。"解释说："本条所说的混沌，就是那'混沌初开，乾坤始奠'的混沌。不过，我们所谈的既然是无极，混沌是未开的混沌而已。未开的混沌真正是混沌……无极之所以为混沌，因为它是万物之所从生，它是万物之所从生，因为它是无始底极限。但是，这万物之所从生可以分作两方面说，一是从时间方面说，一是不从时间方面说；一是从纵的方面说，一是从横的方面说。我们先从纵的方面说起。现在这样的世界至少是'有'，有这个，有那个的'有'，每一个'有'从前都有'无'的时候。现在所有的'有'从前都有'无'的时候。现实没有开始的时候，所以在事实上我们不能从现在的'有'追根到'无'，可是，这样的'有'底极限总是这样的'无'。我们似乎要注重这样的'有'与这样的'无'。'有'既是有这个有那个的'有'，'无'也是无这个无那个的'无'。有这个有那个就是有分别，所以清楚，无这个无那个就是无分别，所以混沌。从时间上着想，这样的'有'虽不能上追到这样的'无'，而这样的'有'底极限就是这样的'无'。无极是这样的'无'，所以无极为混沌，万物之所从生。从横的方面着想，我们可以把现在的'有'，这个那个等等，不从时间上说，而从这个之所以为这个，那个之所以为那个，慢慢地分析下去。这个之所以为这个要靠许多的那个，而任何那个之所以为那个，追根起来，也要靠这个之所以为这个。若把这个之所以为这个与那个之所以为那个者撇开，所余的浑然一物，没有彼此的分别。若把其他的分别也照样地撇开，这分析下去的极限也是混沌。本条说无极为混沌，万物之所从生。这'从'是无量时间的'从'。在有量时间，万物之所从生的仍是万物。就横面的分析着想，如果我们分析下去，无论我们在什么阶段打住，在那一阶段，万物之所从生的仍是万物。只有理论上的极限才是混沌，才是这里所说的万物之所从生的所'从'。但是绝对的'无'，毫无的'无'，空无所有的'无'，不可能的'无'不能生'有'，也不会生'有'。能生有的'无'，仍是道有'有'中的一种，所无者不过是任何分别而已。这就是说，无极的无是混沌。"（《论道》三·四，第 191～195 页）

"混沌，万物之所从生。"是中国传统哲学中常见的话。金岳霖又把这些话重新提出来，予以完全新的解释。照他的解释，混沌并不是确有所指，如传统哲学中所谓"元气"之类。他所说的混沌是一个逻辑的概念。他的这部书的主题，是说明宇宙从可能到现实的整个历程。这个历程怎样开始呢？金岳霖指出：从有量时间方面说，这个历程是无始的，但从理论上说，无始有个极限，这个极限谓之无极。在中国哲学史中，反对无极这个概念的人，都说无极就是无中生有。金岳霖说，他说的无极并没有这个意思。朱熹和陆九渊对于这个问题曾发生过激烈的辩论，金岳霖的解释对于他们所争执的问题给了一个解决。

该章第五条说："共相底关联为理，殊相底生灭为势。"第六条说："无极为理之未显势之未发。"解释说："我们可以说无极有理而无势，无极不过是未开的混沌而已，它不是毫无所有的无，也不是不可能的无；它既是现实，当然有理。可是，有理之有不是有势之有，未显的理仍为理，未发的势不是势。说无理是一句矛盾的话，在任何时间说无势是一句假话，在无极'无理'仍是矛盾的话，在无极'无势'不但不是矛盾的话，而且是一句真话。两'有'底意义不同可以从两'无'底意义不同看出来。有理是不能不有的有，仅有的有；有势是普通所谓有这个有那个的有。无极有理而理未显，势未发故无极无势。"（《论道》三·四，第200～201页）理学中也有关于"已发"和"未发"、"显"和"微"的讨论，金岳霖把这些名词接下来以说明无极。

关于"无极"的说明到此结束，以下就转入"太极"的说明。这章第八条说："个体底共相存于一个体者为性，相对于其他个体者为体，个体底殊相存于一个体者为情，相对于其他个体者为用。"解释说："从性质方面着想，从共相之存于一个体者这一方面着想，一个体是一性，从关系方面着想，从共相之相对于其他个体者这一方面想，一个性是一个体。相当于性质的殊相本条叫作情，相当于关系的殊相本条叫作用。"又说："前此中国哲学家对于体用很有许多不同的以及相反的议论。照本条底用法，这相反的议论实即重视共相或重视殊相底主张。在本书底立场上，二者之间，重视其一，总是偏重。无共不殊，无殊亦不共，无性不能明情，无情也不能表性；无体不能明用，无用也不能征体。我们所直接接触的都是情与用，所以在日常生活中注重情与用本来是很有道理的，但在哲学我们决不能偏重。"（《论道》三·四，第201～205页）第九条说："情求尽性，用求得体，而势有所依归。"第十条说："情之求尽性也，用之求得体也，有顺有逆。"第十一条说："顺顺逆逆，情不尽性，用不得体，而势无已时。"第十二条："变动之极，势归于理，势归于理则尽顺绝逆。"第十三条："道无终，无终底极为太极。"第十四条："太极为未达，就其可达而言之，虽未达而仍可言。"第十五条："自有意志的个体而言之，太极为综合的绝对的目标。"第十六条："太极为至，就其为至而言之，太极至真，至善，至美，至如。"第十七条："太极为极，就其为极而言之，太极非式而近乎式。"第十八条："居式由能，无极而太极。"第十九条："无极而太极，理势各得其全。"第二十条："就此全而言之，无极而太极为宇宙。"第二十一条："太极绝逆尽顺，理成而势归，就绝逆尽顺而言之，现实底历程为有意义的程序。"第二十二条："无极而太极是为道。"（见《论道》，第205～220页）

这是金岳霖对于宇宙从可能到现实的历程所作的总的说明。从时间上说，这个历程是无始的；从理论上说，这个无始有极限，这个极限谓之无极。这个历程是无始而又有始的。从时间上说，这个历程是无终的；从理论上说，无终有个极限，这个极限谓之太极。无极而太极，那个"而"字，就代表那个历程。这个整个历程，金岳霖作了详细的说明，成为一个完整的哲学体系。

第六节 现代化与民族化

《论道》这个体系，不仅是现代化的，而且是民族化的。关于这一点，金岳霖是自觉的。他在《论道》的《绪论》中说："经奥人维特根斯坦与英人袁梦西底分析才知道逻辑命题都是穷尽可能的必然命题。这样的命题对于一件一件的事实毫无表示，而对于所有的可能都分别地承认之。对于事实无表示，所以它不能假；对于所有的可能都分别地承认之，所以它必真。它有点像佛菩萨底手掌，任凭孙猴子怎样跳，总跳不到手掌范围之外。假如算学与逻辑是类似的东西——我不敢肯定地说它们是类似的东西——也许自然界之遵守算学公式就同事实之不能逃出逻辑一样，而前此以为自然界因遵守算学公式而有算学式的秩序那一思想就不能成立。假如算学同逻辑一样，自然界尽可以没有秩序，然而还是不能不遵守算学公式。"（《论道》，第 2～3 页）这里所说的是论道体系之为现代化的要点。

金岳霖又说："每一文化区有它底中坚思想，每一中坚思想有它底最崇高的概念，最基本的原动力。小文化区我们不必谈到。现在这世界底大文化区只有三个：一是印度，一是希腊，一是中国。它们各有它们底中坚思想，而在它们底中坚思想中有它们底最崇高的概念与最基本的原动力。欧美底中坚思想也就是希腊底中坚思想，我们现在所急于要介绍到中国来的，追根起来，也就是希腊精神……印度底中坚思想我不懂，当然也不敢说什么。中国底中坚思想似乎儒道墨兼而有之……中国思想中最崇高的概念似乎是道。所谓行道、修道、得道，都是以道为最终的目标。思想与情感两方面的最基本的原动力似乎也是道。成仁赴义都是行道；凡非迫于势而又求心之所安而为之，或不得已而为之，或知其不可而为之的事，无论其直接的目的是仁是义，或是孝是忠，而间接的目标总是行道……不道之道，各家所欲言而不能尽的道，国人对之油然而生景仰之心的道，万事万物之所不得不由，不得不依，不得不归的道才是中国思想中最崇高的概念，最基本的原动力。对于这样的道，我在哲学底立场上，用我这多少年所用的方法去研究它，我不见得能懂，也不见得能说得清楚，但在人事底立场上，我不能独立于我自己，情感难免以役于这样的道为安，我底思想也难免以达于这样的道为得。关于道的思想我觉得它是元学底题材。我现在要表示我对于元学的态度与对于知识论的态度不同。研究知识论我可以站在知识论底对象范围之外，我可以暂时忘记我是人，凡问题之直接牵扯到人者我可以用冷静的态度去研究它，片面地忘记我是人适所以冷静我底态度。研究元学则不然，我虽可以忘记我是人，而我不能忘记'天地与我并生，万物与我为一'，我不仅在研究对象上求理智的了解，而且在研究底结果上求情感的满足。虽然从理智方面说我这里所谓道，我可以另立名目，而另立名目之后，这本书底思想不受影响；而从情感方面说，另立名目之后，此新名目之所谓也许就不能动我底心，怡我底情，养我底性。知识底裁判者是理智，而元学底裁判者是整个的人。这里所谓道也许就是上段所说的中国思想中的道，也许相差很远……最崇高概念的道，最基本的原动力的道决不是空的，决不会像式那样的空。道一定是实的，可是它不只是呆板地实像自然律与东西那样的实，也不只是流动地实像情感与时间那样的实。道可以合起来说，也可以分开来说，它虽无所不包，然而它不像宇宙那样必得其全然后才能称之为宇宙。自万有之合而为道而言之，道一，自万有之各有其道而言之，道无量。'道二，仁与不仁而已矣'的道，照本书底说法，是分开来说的道。从知识这一方面说，分开来说的道非常之重要，分科治学，所研究底对象都是分开来说的道。从人事这一方面着想，分开来说的道也许更是重要，'得志与民由之，不得志独行其道'的道是人道，照本书底说法，都是分开来说的道。可是，如果我们从元学的对象着想，则万物一齐，孰短孰长，超形脱相，无人无我，生有自来，死而不已，而所谓道就是合起来说的道，道一的道。"（《论道》，第16～18页）这里所说的道，是论道体系之为民族化的要点。

现代化与民族化融合为一，论道的体系确切是"中国哲学"，并不是"哲学在中国"。元学（本体论，形而上学）是哲学的中心，它跟哲学的其他部门不同。金岳霖指出元学与知识论不同，我们不能说"中国知识论"，只能说"知识论在中国"。金岳霖的《知识论》和《逻辑》，都是体大思精的著作，但它们都是知识论、逻辑在中国，而不是中国知识论和逻辑。

因为对于一件一件的事实毫无表示，人们从《论道》得不到积极的知识，以为《论道》只是分析一些概念，这样的分析对于实际生活没有什么用处。听说金岳霖在英国剑桥大学曾有一个发言说，哲学是概念的游戏（未见记录，故曰'听说'）。他认为，哲学本来就是这样的一门学问。人们不禁要问，这样的学问，对于人生有什么用处，这就牵涉到哲学的性质及其作用的问题。对于这个问题，《新编》在第八十一章中将做详细的讨论。

第九章

中国哲学现代化时代中的理学（下）

——冯友兰的哲学体系

在现代化时代中，与金岳霖同时发展理学的有冯友兰。

冯友兰（1895～　），字芝生，河南省唐河县人，毕业于北京大学，美国哥伦比亚大学哲学博士。曾任河南中州大学教授兼文科主任，广东大学教授兼哲学系主任，燕京大学哲学系教授，清华大学哲学系教授兼系主任、校秘书长、文学院院长、代理校务会议主席、校务委员会主席，西南联合大学文学院院长，北京大学哲学系教授，中国科学院哲学社会科学部常务学部委员，中国科学院哲学研究所研究员等职。主要学术著作有《中国哲学史》（两卷本）、《中国哲学史新编》、"贞元六书"（《新理学》《新事论》《新世训》《新原人》《新原道》《新知言》），均收入今人所编《三松堂全集》中。

第一节 "接着讲"与"照着讲"

冯友兰称他的哲学体系为"新理学"。这三个字，在本章中有两个意义：第一个，指冯友兰自称的哲学体系；第二个，指"贞元六书"中的那本书。各以符号别之：前者加双引号，后者加书名号。

《新理学》开头就说，此书"是'接着'宋明以来底理学讲底，而不是'照着'宋明以来底理学讲底"。

中国需要现代化，哲学也需要现代化。现代化的中国哲学，并不是凭空创造一个新的中国哲学，那是不可能的。新的现代化的中国哲学，只能是用近代逻辑学的成就，分析中国传统哲学中的概念，使那些似乎是含混不清的概念明确起来，这就是"接着讲"与"照着讲"的分别。

冯友兰对于哲学是从逻辑学入门的。用古人的话说，就是从逻辑学"悟入"；用今人的话说，就是从逻辑学"打开一个缺口"。照逻辑学讲，一个普通名词，都是一个类名，都有两个方面：内涵和外延。内涵是这一类东西的决定性的性质，外延是这一类东西所有的分子。内涵是这类东西的共相或一般，外延是这一类东西的殊相或特殊。共相和殊相的关系，是希腊哲学所说的"一"与"多"的关系，也是宋明道学所说的"理一分殊"的关系。这些道理明白了以后，就看出孟子所说的"人之所以异于禽兽者几希"那句话的逻辑意义。"人之所以异于禽兽者"，就是人这个普通名词的内涵；一个一个的人，就是这个普通名词的外延。这个道理认识清楚以后，理学的主要概念就都有了。有了这些概念以后，再用宋明道学的有些话相印证，那就是"接着讲"而不是"照着讲"了。

第二节　理，太极

　　《新理学》第一章的题目是《理，太极》，其第一节讲"实际"与"真际"的分别。冯友兰说："我们的知识及由此而起之判断、命题，皆系关于其所知者。例如我们说：'这是方底。''这'是所知，亦即实际底事物。'这是方底'之命题，表示我们对于'这'有知识，有判断。如果说这个命题，说这句话之时我们并不是随便开玩笑……如果这个命题，这句话，是有意义，是可真可假，则这个命题，这句话，不是一句空话，是及于实际底事物者，即系对于实际底事物有所肯定。我们日常生活中所作之命题，大都此类。

　　"说，'这是方底'，即是说'这'有方性，或是说'这'是属于方底事物之类……因'这是方底'，我们可思及凡有方性底物，即凡属于方底物之类底物。我们亦可对于凡属于方底事物之类底物，作许多肯定。例如说：'凡方底物皆有四隅。'我们作这个判断，说这个命题时，如果我们是思及所有有事实底存在底方底物，虽然我们并不知其数目果有若干，但我们是将其总括而一律思之，如此，则这个判断，这个命题，即是及于实际者，即对于实际有所肯定。科学中之命题，大都此类。

"如我们更进一步而离开一切方底物，即属于方底物之类之实际底物，而只思及方底物之所以为方者，我们亦可作许多肯定。例如我们可说'方有四隅'或'方是四隅底'。于做此判断，说此命题时，我们可不管事实上果有实际底，方底物存在否。我们可以为，事实上可以无实际底方底物之存在，但如其有之，则必有四隅。如此，则这个判断，这个命题，即不是及于实际而是及于真际者，即不是对于实际特别有所肯定，而是对于真际有所肯定。哲学中之命题大都此类。

"方底物之所以为方者即'方'。照上所说，'方'可以是真而不实，如果事实上无实际底方底物之存在，'方'即不实。但如果事实上有实际底方底物之存在，则它必有四隅。实际底方底物，必依照方之所以为方者而不能逃。于此可见'方'是真。如果'方'是真而不实，则'方'是纯真际底。"（《三松堂全集》第四卷，第21～23页）

真际和实际的分别，人们往往认识不清，以为在真际中必然也有不计其数的、可以看得见、摸得着的东西，不过，比实际中的东西更完善、更合乎标准。例如：在真际中，动的东西必然动得飞快，快至无可再快；红的东西，必然红得鲜红，以至于无可再红。这是完全错误的。在真际中，只有动之理，红之理，并没有可以看得见、摸得着的动的东西、红的东西。动之理并不动，红之理并不红。朱熹在这一点上讲得很清楚。他指出，理世界是一个"洁净空阔的世界，无情意，无计度，无造作"，并不是有许多明晃晃的东西在那里发光。

冯友兰曾在《新理学》中说："所谓方之理，即方之所以为方者，亦即一切方底物之所以然之理也。凡方底物必有其所以为方者，必皆依照方之所以为方者。此方之所以为方，为凡方底物所皆依照而因以成其为方者，即方之理。凡方底物依照方之理而为方，其所依照于方之理者即其性。凡依照某所以然之理而成为某种物之某，即实现某理，即有某性。理之实现于物者为性……若仅有方之理而无实现之之实际底物，则方之理即只有真而无实。'方'即是纯真际底。方底物之类，即仅是一可有之类，一空类。"（《三松堂全集》第四卷，第32页）

纯真际这个提法有失误。这样一提，好像不是空类的方之理就不是那么纯。其实，方之理就是方之理，无所谓纯不纯。

《新理学》又说："朱子以为理是实际底事物之所以然之故，及其当然之则，我们所说理亦是如此。方底物必然照方之理，始可是方底，又必完全依照方之理，始可是完全地方底。一方底物之是否完全地方，视其是否完全依照方之理。由此义说，方之理即是一切方底物之标准，即是其当然之则……我们常说'某方底物比某方底物更方"或"不如其方'，皆依此标准说。若无此标准，则一切批评，皆不可能。凡不承认有理者，对于此点，均未注意。

"所谓极有两义：一是标准之义，如《洪范》所谓'惟皇作极'，及从前庙堂颂圣，所谓'建中立极'，皆用极之标准之义。一是极限义。郭象说：'物各有性，性各有极。'此极是极限义。每理对于依照之之事物，无论就极之任何一义说，皆是其极。方之理是方底物之标准，亦是其极限。方底物，必须至此标准，始是完全地方。但若至此标准，亦即至方之极限，所谓方之无可再方，即就此极限说也。

"所有之理之全体，我们亦可以之为一全而思之。此全即是太极。所有众理之全，即是所有众极之全，总括众极，故曰太极。朱子说：'事事物物皆有个极，是道理极致。''总天地万物之理，便是太极。'……所有底理，如其有之，俱是本来即有，而且本来是如此底。实际中有依照某理之事物之存在否，对于某理本身之有，并无关系……实际上有依照某理之实际底事物，某理不因之而始有；无依照某理之实际底事物，某理不因之而即无。实际上依照某理之实际底事物多，某理不因之而增；依照某理之实际底事物少，某理不因之而减……一切底理，本来即有，本来如此，因某种实际底事物之有，我们可知某理之有，但某种实际底事物之无，我们不能因此即说某理之无。反过来说，如无某理，我们可断定必无某种实际底事物，但有某理，我们不能断定即有某种实际底事物。无某理即不能有某种实际底事物，此可以说是理之尊严。有某理不必即有某种实际底事物，此可以说是理之无能。"（《三松堂全集》第四卷，第40～41页）

第三节 气

　　《新理学》第二章讲"气"，冯友兰说："再进一步说，理不但是无能，而且说不上无能，不但'无形迹，不会造作'，而且说不上'无形迹，不会造作'。所谓说不上者，即理并不是可以有能而事实上无能，可以有形迹而事实上无形迹，可以会造作而事实上不曾造作，而是本来说不上这些底。恐有人误以为理有能，所以我们说它是无能。既说理是无能，我们又须说理是无所谓有能或无能，有能或无能，对于它都是不可说底。"

　　"……我们说及太极时，只说及理，未说及有实际底存在之物也。凡实际底存在底物皆有两所依，即其所依照，及其所依据……换言之，实际底存在底物，皆有其两方面，即其'是什么'，及其所依据以存在，即所依据以成为实际底'是什么'者。例如一圆底物有两方面，一方面是其'是圆'，一方面是其所依据以存在，即其所依据以成为实际地圆者。其'是什么'，即此物有此类之要素，即性，其所以存在，即此物存在之基础。其'是什么'靠其所依照之理；其所依据以存在，即实现其理之料。

"宇宙所有实际底事物，虽各不相同，然我们的思，若对之加以分析，则见其皆有此两方面。所谓料，有绝对相对之分。相对底料即仍有上述之两方面者。绝对底料，即只有上述之一方面，即只可为料者。例如一房屋，有其所以为房屋者，此即其房屋性，其是房屋之要素。此房屋又有其所依据以存在之基础如砖瓦等……故砖瓦虽对于房屋为料，然只是相对底料，而非绝对底料……

"……哲学开始于分析实际底事物。此分析是完全在思中行者。今试随便取一物，用思将其所有之性，一一分析，又试用思将所有之性，一一抽去。其所余不能抽去者，即其绝对底料。"（《三松堂全集》第四卷，第46～47页）

"此所谓料，我们名之曰气……绝对底料，不可名状，不可言说，不可思议，今何以又名之为'买特'，名之为气？对于此问，我们答：气所以不可名状，不可言说，不可思议者，因其无性也。我们对一件事物，若有所思议，即是对之做判断，若对之有所言说，则即是对之做命题：对之做判断或命题，即是将此事物作为主词，而将其所有之性，提出一个或数个，以为客词。气既无性，故不能对之作任何判断，说任何命题，亦即不能对之有任何思议，任何名状，任何言说。但我们虽然不能对之作判断，作命题，却不妨为起一名，如为一件事物起一《墨经》所谓私名然……气之名应该视为私名，不可视为与云气烟气等气之气，有相同或相似底意义。

"在我们的系统中，气完全是一逻辑底观念，其所指既不是理，亦不是一种实际底事物。一种实际底事物，是我们所谓气依照理而成者。"（《三松堂全集》第四卷，第48～49页）

说它"完全是一逻辑底观念",并不等于说它完全是主观的东西。观念,即现在常用的概念一词。它既不是理,不属于真际;也不是实际的具体的东西,不属于实际。虽不属于实际,但为任何实际中的东西所依据,所以是"绝对的料",它有似于道家所说的"道"。道家所说的"道"的特点,是"无名";所谓"无名",就是说它不能有任何性。

冯友兰在《新理学》第二章第三节中说:"在我们的系统中,太极与无极,正是两个相对底观念。我们的系统所讲之宇宙,有两个相反底极,一个是太极,一个是无极。一个是极端地清晰,一个是极端地混沌。一个是有名,一个是无名。每一普通底名词皆代表一类、代表一理。太极是所有之理,所以所有之名,无论事实上已有或未有,皆为太极所涵蕴。所以太极是有名而无极是无名。由无极至太极中间之过程,即我们的事实底实际底世界。此过程我们名之曰'无极而太极'。

"无极不可言说,不可思议;太极无存在而有。自常识之观点看,无极太极,皆可以说是玄。我们可以用《老子》第一章中之话,说此两者,'同谓之玄,玄之又玄,众妙之门'。众妙即实际底世界中之一切事物。无极而太极之'而',即众妙之门。太极是极端地清楚,无极是极端地浑沌。此'而'是半清楚半浑沌,是由浑沌达于清楚,但永不能十分清楚。"(《三松堂全集》第四卷,第53～54页)

有些人觉得,"无存在而有"难以理解,这是因为他们对于共相与殊相、一般和特殊的分别,没有足够的认识。共相和一般是一类事物共同有的所以然之理,殊相和特殊是一类事物中的个别分子。

只有个别的分子才是存在的。一类事物共有的所以然之理，并不是其中个别的分子，所以它是"无存在"的。在这一点上，冯友兰在当时也没有足够的认识。他在30年代，曾提出一个问题：先有飞机还是先有飞机之理？当时的哲学界对于这个问题很感兴趣，引起了广泛的讨论。这个问题的提法是不对的。有飞机之理之"有"是"无存在而有"之"有"，有飞机之"有"是实际的"有"。这两个"有"字意义不同，不能相提并论。

一类事物的共相是无存在的。如果有相应的材料，依照它而成为其类的分子，那些分子是存在的。在中国传统哲学中，一类事物之理和其类分子的关系，称为理和事的关系。在中国传统哲学中，对于这种关系有三种说法：理在事上，理在事先，理在事中。三种可以归结为两种：理在事外，理在事中。一类事物之理，如有相应的材料，依照它而成为其类的分子，它也就在其类分子之中了。用另外一种说法，一类事物之理实现了，由无存在而成为有存在了。存在于什么地方？就存在于其类分子之中。这就是所谓"理在事中"，也就是一般寓于特殊之中。

《新理学》第四章标题为《性与心》。冯友兰在第一节中说："某一类中之事物所以依照于其理者，自其必依照而不可逃言，则谓之命。自其因依照某理而得成为某一类事物言，则谓之性。命有命令规定之义。某理虽不能决定必有依照之者，但可规定：如果有某事物，则某事物之成为某事物，必须是如何如何。程朱说：理是主宰。说理是主宰者，即是说，理为事物所必依照而不可逃；某理为某事物所必依照而不可逃。不依照某理者，不能成为某事物。不依照任何理者，不但不能成为任何事物，而且不能成为事物，简直是不成东西。

"从类之观点说，某理即某类事物之所以成为某类事物者。例如人理即人之所以为人者；马理即马之所以为马者。某类事物之性，即某类事物所依照于某理，而因以成为某类事物者。例如人性即人之所依照于人之所以为人者，而因以成为人者。马性即马之所依照于马之所以为马者，而因以成为马者。凡事物依照某理，即有某性，有某性即入某类。"（《三松堂全集》第四卷，第 88 页）

在这章第二节中说："程朱说性，又说义理之性，气质之性，气质或气禀之分别。盖一事物之禀赋，有依照于理者，有依据于气者，所以必须说此三者，然后一事物之禀赋之各方面，方可俱顾到……义理之性即是理，是形上底，某一类事物必依照某理，方可成为某一类之事物，即必依照某义理之性，方可成为某一类之事物。某一类之事物，于依照其理，即其义理之性，而成为某一类之事物时，在实际上必有某种结构，能实现某理者。能实现某理之某种结构，是实际底，形下底，即是此某种事物之气质或气禀。此某类之事物，虽均有某种气质或气禀，以实现其理，其义理之性，但其完全之程度，则可因各个事物而不同。因此此类之各个事物，实现其义理之性之程度，又可各个不同，有实现其八分者，有实现其七分者。此其所实现之八分或七分，即此事物之所实际地依照于其义理之性者，此即其气质之性。一某事物有某种气禀，有某种气质之性，即能发生某种功用。"（《三松堂全集》第四卷，第 90～91 页）

又说："义理之性是最完全底，因为它即是理。例如方底物之义理之性即是方之理，即是绝对地方。绝对地方，是完全地方，只能是方，不能是不方。方底物于依照方之理而以成为方时，必有某种结构以实现方之理，此即是其气质，或气禀。因气质而有气质之性。不过此气质之性，不能完全与义理之性相合。其是方可以是七分地方或八分地方，可以或多或少，但无论如何，总不能是完全地方。其所以不能是完全地方者，即受其气禀之实际底结构之影响，而为其所限制也。"（《三松堂全集》第四卷，第91页）

"（程朱）说义理之性及气质之性时，均系专就人说，但我们现在则用之以说任何事物。若只论义理之性，而不论气质之性，及气质或气禀，则不能说明实际底事物之所以不完全。我们于知实际底事物不完全时，我们即有一完全之标准；虽其内容如何，我们或不能知。若只论气质之性及气质或气禀，而不论义理之性，则即没有完全之标准，而所谓实际底事物之不完全，不但不能说，且亦不能知。"（《三松堂全集》第四卷，第91页）

这里所讨论的，正是一般和特殊的关系问题。一类事物的一般，就是一类事物所依照的理；一类事物的特殊，就是一类事物的分子。一类事物的分子，必须依照某一类的一般，又必须依据具体的材料，才能成为实际的事物。一个方的东西，必须是石头的、木头的或金属的等等；它所依据的材料，就是它的气质或气禀。因其所依据的材料不同，所以它是方的程度也不同。不同程度的方，就是它的气质之性。它可以是方、很方、或不很方，但不能是很不方。如果是很不方，那就不能算是方的东西，不能入于方的东西之类了。关于一般和特殊的关系的正确的说法，是一般寓于特殊之中；寓于特殊之中的一般，就是这一类特殊的义理之性。实际上，没有不寓于特殊之中的一般，也没有不在气禀之中的义理之性。

《新理学》指出，心与性不同。它说："凡事物皆有性，但不是凡事物皆有心，有心之理。实际底事物，有依照心之理而有心者，有不依照心之理而无心者。但即事物之不依照心之理而无心者，既亦是事物，亦必有其所依照之理。凡事物皆必有其所依照之理，故皆有性。凡事物不皆依照心之理，故不是凡事物皆有心……自逻辑言之，凡事物必不能无性，而可以无心。

"心亦是实际底，形下底；心之理是形上底。心之理是有心之物之义理之性。有心之物所实际地依照于心之理者，是其气质之性。有心之物有某种实际底结构，以实现心之理，发生心之功用；此某种结构即心所依据之气质或气禀。此某种结构之内容若何，非哲学所能知。所可说者，此某种结构既非我们的'肉团心'，亦非即是心理学中，或生理学中，所说之神经系统等。所谓某种结构或气禀，完全是逻辑底观念，并不是科学底观念。"(《三松堂全集》第四卷，第109页）

第四节　政治、社会思想

　　就上面几个问题而言，"新理学"对于宋明理学中的一些重要问题，都利用近代逻辑学的成就加以说明，这对于中国哲学的现代化是有益的。对于宋明理学的政治、社会思想，"新理学"也利用近代逻辑学的成就，使之现代化，其社会效果不甚令人满意。

　　现代化之所以成为现代化，"新理学"在《新事论》中已指出，是由于以社会为本位的社会代替了以家为本位的社会。社会生产掌握在大工厂手里，这些大工厂的主人就是资本家或资产阶级。在美国建国初期所宣传的"三民"就是指的这些人。资本家掌握了社会生产力，也就掌握了政权。社会由哪些政治派别掌权，就取决于投票了，这是"民主政治"与封建政治的根本区别。宋明理学的政治、社会思想，基本上都是为封建政治作理论基础的。"新理学"在这一方面，也利用近代逻辑学的形式主义和形而上学的思想方法加以说明，以为理论上的根据，主观上是以此支持中国现代化，但其现实效果就不尽然了。

第五节　精神境界

　　一个人看见一棵树，但不知道那就是树。今天看见一棵树，明天又看见一棵树，看到第一千天，他才知道那就是树。对于这个人说，这个"树"并不是第一千零一棵树，而是树的概念。如果他进一步了解到什么是概念，而又自觉其了解，他的精神境界就开始进入概念世界了。有概念而且自觉其有概念，是人之所以高于其他动物者。譬如一只猫，它只知道饿了就吃，累了就睡，看见可怕的东西就跑。人就不然了。人不但有概念，而且自觉其有概念。

　　金岳霖曾说"哲学是概念的游戏"，他用了一个似乎是自我解嘲的词。人们或许以为这句话是一个戏论，这是因为他没有把这句话同人的精神境界联系起来。一个人所有的概念就是他的精神境界；一个人所有的概念的高低，就分别出他的精神境界的高低。例如一个人如果没有宇宙这个概念，他就根本不可能有如《新原人》所说的《天地境界》。

明代杨椒山于就义时曾作二诗，其一曰："浩气返太虚，丹心照千古。平生未了事，留与后人补。"其二曰："天王自圣明，制作高千古。平生未报恩，留作忠魂补。"此二诗，在椒山及一般人心目中，或亦似有同等地位，但二者迥然不同。第一首乃就人与宇宙的关系立言，其所说乃在天地境界中的人的话。第二首乃就君臣的关系立言，其所说乃在道德境界中人的话。

又如张巡、颜杲卿死于王事，其行为本是道德行为；其人所有的境界，大概亦是道德境界。但如文天祥《正气歌》所说，"为张睢阳齿，为颜常山舌"，则此等行为的意义又不同。此等行为，本是道德行为；但《正气歌》以之与"天地有正气"连接起来，则是从天地境界的观点，以看这些道德行为。如此看，则这些行为，又不止是道德行为了。这些分别，以前儒家的人似未看清楚。

这里就牵涉到宋明道学中，理学和心学长期争执的一个问题：在修养功夫中"理"的地位。

程颢说："学者需先识仁，仁者浑然与物同体，识得此理，以诚敬存之而已。不须防检，不须穷索。"这是说，识仁的工夫有两个方面，一方面是"浑然与物同体"，这是直觉；一方面又需要"识得此理"，此"理"是个概念。直觉所得，必须用概念把它固定下来，这是概念在哲学中的作用。由此可见，在哲学中，概念是不可少的。没有受益于哲学的人，当然也有他的精神境界，那就是《新原人》所说的自然境界。

中国传统哲学中所说的圣贤，都是指人的精神境界而言。柏拉图在他的《理想国》中说，一个人如果真正了解什么是概念的时候，他就像一个长期被监禁在一个洞穴中的人，一旦被释放出来，忽然看见天地的广大，日月的光明。这个人就是一个真正的哲学家。真正的哲学家，才可以当"理想国"的王，所谓"哲学王"。"哲学王"类似中国传统思想中所谓"圣王"。他们所行之道，称为"内圣外王之道"。

第六节 "新理学"的理论矛盾

"新理学"作为一个哲学体系，其根本的失误，在于没有分别清楚"有"与"存在"的区别。冯友兰一方面赞成金岳霖的提法，说理是不存在而有；一方面又随同当时西方的新实在论的说法，承认"有"也是一种存在。原来在西方，这个问题是一个很古老的问题。在西方中世纪就有三派说法。一派称为唯名论，认为共相只是一个空名；一派称为概念论，认为共相只是一个概念；又一派称为实在论，认为共相有实际的存在。西方现代哲学中，有一派自称为新实在论，就是继承中世纪的实在论，所以自称为新实在论。我曾经听过一个新实在论者讲他的新实在论，听众提出问题：如果共相是实在的，它存在于什么地方？主讲者回答说，不存在于什么地方，它简直是就在那里。这个回答，当然是不合逻辑的。新实在论者创立了一个似乎是合乎逻辑的说法：共相的存在是"潜存"，也是一种存在，不过是潜伏未发而已。这和金岳霖所提的"不存在而有"，是对立的。金岳霖所说的"不存在而有",解决了当时新实在论的问题,也解决了西方从中世纪就有的古老问题。冯友兰赞成"不存在而有"的提法,另一方面也用所谓"潜存"的说法,这就是认为共相是"不存在而有",同时又承认"有"也是一种存在。这是新理学的一个大矛盾。

第十章

中国哲学现代化时代中的心学

——熊十力的哲学体系

中国现代革命时期心学的代表，有熊十力和梁漱溟。因为梁漱溟的哲学体系，在本书第四章已讲过，故现在只论熊十力的哲学体系。

熊十力（1885～1968），原名继智，又名升恒，字子真，湖北省黄冈县（今黄冈市）人。青年时期致力于反清革命，中年转入学术研究和哲学创作。曾入支那内学院研究佛学，后任教于北京大学，讲授佛学。他的主要著作有《佛家名相通释》、《新唯识论》（1932年出版文言本，1944年出版语体文本）、《体用论》、《明心篇》和《乾坤衍》。今人编有《熊十力论著集》，中华书局出版。

第一节　熊十力哲学体系发展的过程

《宋元学案》《明儒学案》所载道学家的小传中，往往说及某人"出入于佛老者数十年，反求诸六经而后得之"。所谓"得之"者，得其所求之真理也。熊十力的哲学体系的发展历程也大抵如此。他的《新唯识论》就是其记录。熊十力入于佛者比较深，要出来也比较困难。《三国演义》说关羽弃曹归汉，要过五关、斩六将；熊十力要弃佛归儒，也要过关斩将，也要对于佛学的一些宗派加以批评。其中最大的宗派是大乘空宗和大乘有宗。

关于大乘空宗，熊十力说："空宗的密意，本在显性。其所以破相，正为显性。在空宗所宗本的经论中，反反复复，宣说不已，无非此个意思。然而，我对空宗，颇有一个极大的疑问，则以为，空宗是否领会性德之全，尚难判定。"（《新唯识论（语体文本）》，中华书局1985年版，第378页）

熊十力所谓性德，就是佛学所谓"真如"，相当于西方哲学所谓本体，与之相对的是现象。熊十力说："空宗诠说性体，大概以真实、不可变易及清净诸德而显示之。极真极实，无虚妄故说之为真。恒如其性，毋变易故说之为如。一极湛然，寂静圆明，说为清净。如上诸德，尤以寂静，提揭独重。"（《新唯识论（语体文本）》，中华书局 1985 年版，第 378 页）熊十力所以怀疑空宗没有领会性德之全，因为他认识到"寂静之中即是生机流行，生机流行毕竟寂静……空宗只见性体是寂静的，却不知性体亦是流行的。"（《新唯识论（语体文本）》，中华书局 1985 年版，第 381 页）他又说："我们不要闻空宗之说，以为一切都空，却要于生生化化流行不息之机，认识性体。我们不要以为性体但是寂静的，却须于流行识寂静，方是见体。"（《新唯识论（语体文本）》，中华书局 1985 年版，第 383 ～ 384 页）流行就是功能，具体一点说，就是生化。这两个字是从《易传》来的。《易传》说："天地之大德曰生""万物化生"，这就是性德的流行。说到这里，熊十力就破了空宗这一关，而归入儒家了。

熊十力又提出中国传统哲学中的"体""用"两个概念，他说："须知，体用可分，而不可分。可分者，体无差别，用乃万殊。于万殊中，而指出其无差别之体，故洪建皇极，而万化皆由真宰，万理皆有统宗。本无差别之体，而显现为万殊之用。虚而不屈者，仁之藏也。动而愈出者，仁之显也。是故繁然妙有，而毕竟不可得者，假说名用。寂然至无，无为而无不为者，则是用之本体。用依体现，体待用存。所以，体用不得不分疏。然而，一言乎用，则是其本体全成为用，而不可于用外觅体。一言乎体，则是无穷妙用，法尔皆备，岂其顽空死物，而可忽然成用？如说空华成实，终无是理。王阳明先生有言：'即体而言，用在体。即用而言，体在用。'这话确是见道语。非是自家体认到此，则亦无法了解阳明的话。"（《新唯识论（语体文本）》，中华书局1985年版，第384～385页）这就说到了熊十力的哲学体系的中心思想——体用不二。

关于大乘有宗，熊十力说："大乘有宗矫异空宗，颇谈宇宙论。但是，他们有宗将宇宙之体原与真如本体却打成两片……有宗所以陷于这种迷谬不能自拔者，就因为有宗谈本体虽盛宣真实，以矫空宗末流之失，然亦以为本体不可说是生生化化的物事，只可说是无为的、无起作的。因此，他们有宗所谓宇宙，便另有根源。如所谓种子。"（《新唯识论（语体文本）》，中华书局1985年版，第409页）熊十力对于大乘有宗的批评的话很多，但这几句话很扼要。他又说："本体是绝对的真实，有宗云然，本论亦云然。但在本论，所谓真实者并不是凝然坚住的物事，而是个恒在生生化化的物事。唯其至真至实，所以生生化化自不容已。亦唯生生化化不容已，才是至真至实。生化之妙难以形容，强为取譬，正似电光的一闪一闪，刹那不住，可以说生化是常有而常空的。然而电光的一闪一闪，新新而起，又应说他是常空而常有的。常有常空，毕竟非有。常空常有，毕竟非无……我们不能舍生化而言体。若无生化，即无有起作，无有显现，便是顽空。何以验知此体真极而非无哉？"（《新唯识论（语体文本）》，中华书局1985年版，第410页）熊十力对于大乘有宗的批评，其主要的意思是认为有宗不承认生生化化这个过程就是宇宙的本体，而认为于这个过程之外还有一个本体。这就把本体和现象分裂了。其实，现象就是本体，并不是于现象的背后另有一个本体。"现象就是本体"就是熊十力所说的"体用不二"批评了大乘空宗和有宗，熊十力终于从佛学中打出来了。他从《周易》中得到了"生""化"这两个概念,这就是"反求诸六经而后得之"。以后他就舍了佛学,而用他所得于"六经"者,建立他自己的哲学体系,这就是《体用论》。他自己说:"此书既成,新论(《新唯识论》简称)两本俱毁弃,无保存之必要。"(《体用论·赘语》,龙门联合书局 1958 年 4 月第 1 版,第 3 页)

第二节　熊十力哲学体系的中心思想

　　熊十力的《体用论》，是他阐述他的哲学体系中心思想的重要著作。在开始阐述以前，他又补充了一些对道家和佛家的批评。他批评道家说："老庄言道，犹未有真见。略举其谬。老言混成，归本虚无。其大谬一也。老庄皆以为道是超越乎万物之上。倘真知体用不二，则道即是万物之自身，何至有太一，真宰在万物之上乎。此其大谬二也。道家偏向虚静中去领会道。此与《大易》从刚健与变动的功用上指点、令人于此悟实体者，便极端相反。故老氏以柔弱为用，虽忿嫉统治阶层，而不敢为天下先，不肯革命。此其大谬三也。道家之宇宙论，于体用确未彻了。庄子散见之精微语，殊不少。而其持论之大体，确未妥。庄子才大，于道犹不无少许隔在。"（《体用论·赘语》）

　　《体用论》中又有《佛法》上、下两篇，以补充其对大乘空宗和有宗的批评，熊十力说："大乘法性一名，与本论实体一名相当。大乘法相一名，与本论功用一名相当。然佛家性相之谈，确与本论体用不二义皆极端相反，无可融和。"（《体用论》，第33页）又说："大空学派开山诸哲，实以破相显性为其学说之中枢。"（《体用论》第39页）"破相显性"是熊十力对大乘空宗批评的总结。他对于大乘有宗的批评，应该是"立相遮性"（有宗自以为是"立相显性"）。他没有用过"立相遮性"这四个字，但有这种意思。他说："大有大空对于宇宙论之见地，一成一坏（大空五蕴皆空之论，便毁坏宇宙。大有之缘起说，便成立宇宙）。"（《体用论》，第68页）

熊十力指出：大乘空宗和大乘有宗所犯的错误不同，但其所以犯错误却有一个共同的原因，那就是把法性和法相割裂开来，对立起来。熊十力说："夫佛氏所云法性，犹余云实体。佛氏所云法相，犹余云动用。前已言之矣。相者，即是性之生生、流动、诈现相状，余故说为功用。譬犹大海水变成众沤（众沤，比喻法相。大海水，比喻法性⋯⋯）。性者，即是万法的自身（万法，乃法相之别一名称）。譬如大海水即是众沤的自身。余故说体用不二。汝若了悟此义，当知相破尽，则性亦无存。所以者何？性，是相的自身。相若破尽，则相之自身何存？是性已毁也。相，即是性之生生流动（生生、流动，故以功用名之）。相若破尽，则性为无生、不动、湛然寂灭之性，此亦何异于空无乎？是故大空诸师本旨在破相以显性，终归于相空，而性与之俱空。易言之，用空，而体亦空。"（《体用论》，第40页）

关于大乘有宗，熊十力指出其五个失误，最后说："今核其说，直将宇宙划分潜显两重世界，不谓之戏论得乎？"（《体用论》，第78页）又指出："以赖耶识中种子为诸行之因，其种子明明是万法本原，而又说真如是万法实体。如此，则何可避免二重本体之嫌？是乃铸九州铁，不足成此大错。"（《体用论》，第78页）这个大错，就是上面所说的，虽然有宗自以为是"立相显性"，而实是"立相遮性"。

所以熊十力不仅主张"体用不二"，而且主张"性相一如"。

程颐作《周易传》，指出《周易》的要旨是"体用一源，显微无间"（参看本书第五册第五十二章）。他所谓显、微，相当于佛家所谓性、相，性是微，相是显。他的这八个字，相当于熊十力的"体用不二，性相一如"。他们对于哲学中的两个主要问题，所见略同；但比较起来，熊十力对于这两个问题，见得比较透，解决得比较彻底。说是"一源"，意味着体、用还是两件事；说是"无间"，意味着显、微还是两件事。熊十力直截了当地说"体用不二""性相一如"，这是因为熊十力经过和大乘空宗及有宗的斗争。

熊十力的《体用论》的第一章，题为《明变》。他开头说："古代印度佛家，把一切心的现象和物的现象，都称名曰行。行字含义有二。一、迁流义。二、相状义。彼以为心和物的现象，是时时刻刻在迁变与流行的长途中（故者方灭，新者即起，谓之迁变。故灭新生，相续无绝，因说流行）。不是凝然坚住的东西，所以说迁流义。然而心和物虽是迁流不住，而亦有相状诈现。譬如电光一闪一闪，诈现赤色相，所以说相状义。物的相状，是可感知。心的相状，不可以感官接，而可内自觉察。因为，心和物具有上述两义，故都名为行。这个命名甚谛，我亦采用之。"（《体用论》，第1页）

熊十力虽然沿用"诸行无常"，但其意义与佛说原意完全不同。他声明说："佛家对于一切行的看法，盖本诸其超生的人生态度。超生，谓超脱生死，犹云出世（见《慈恩传》）。彼乃于一切行而观无常。观者，明照精察等义。无者，无有。常者，恒常。观一切行，皆无有恒常。申言之，于一切物行，观是无常。于一切心行，观是无常。故说诸行无常。唯作此种观法，方于一切行，无所染着，得超脱生死海。此佛氏本旨也。（佛氏说世间是一个生死大海。人生沦溺其中，可悲也。）所以佛家说无常，即对于诸行，有呵毁的意思。本论谈变，明示一切行，都无自体。此与佛说诸行无常旨趣似相通，而实有天渊悬隔在。佛说一切行无常，意存呵毁。本论则以一切行，只在刹那刹那生灭灭生，活活跃跃，绵绵不断的变化中（绵绵者，相续貌。刹那刹那皆前灭后生，不中断故）。依据此种宇宙观，人生只有精进向上。其于诸行无可呵毁，亦无所染着。此其根柢与出世法全不相似也。（生灭灭生者，言一切行，都是于每一刹那，方生即灭，方灭即生也。）"（《体用论》，第 1 ～ 2 页）

无常的诸行，综合起来，就成为中国传统哲学所说的"大用流行"。这个"大用流行"，就好像一条无头无尾的大河，无休无止地奔流着。《论语》上有一条记载："子在川上曰：'逝者如斯夫，不舍昼夜。'"（《论语·子罕》）朱熹注说："天地之化，往者过，来者续，无一息之停，乃道体之本然也。"（《论语集注·子罕》）宋明道学家们，大都认为这是孔子见道体之言。道就是"大用流行"，是具体的，不是一个概念，一条命题，所以称为道体。必须对于它有直觉的感受，才算是见道体。这是儒家所谓"内圣"的主要内容。熊十力也有这样的意思，所以他评论孔子的那句话说："余以为宇宙自有真源，万有非忽然而起。譬如临大海岸，谛观众沤，故故不留，新新而起。应知一一沤相，各各皆以大海水为其真源。尼父川上之叹，睹逝水而识真常。神悟天启，非上圣其能若是哉？"（《体用论》，第 4 页）

第三节 熊十力的宇宙论

　　熊十力的宇宙论的两个基本概念是"翕、辟"。他说："翕辟云何？实体变成大用，决不单纯。定有翕辟两方面，以相反而成变。翕，动而凝也，辟，动而升也。凝者，为质为物。升者，为精为神。盖实体变成功用。即此功用之内部，已有两端相反之几，遂起翕辟两方面之显著分化。万变自此不竭也。"（《体用论》，第 124 ～ 125 页）又说："精神与物质本非两体，不可剖析，实体变成功用，即此功用之内部起分化，而为翕辟两方面。辟，为精神。翕，为物质。质则散殊。精乃大一。翕辟以相反而归统一，完成全体之发展。"（《体用论》，第 127 页）

　　熊十力在《新唯识论》中，对于"翕、辟"，有比较详细的说明。他说："本体是显现为万殊的用的，因此，假说本体是能变，亦名为恒转。"（《新唯识论》，第 317 页）又说："恒转现为动的势用，是一翕一辟的，并不是单纯的。翕的势用是凝聚的，是有成为形质的趋势的，即依翕故，假说为物，亦云物行。辟的势用是刚健的，是运行于翕之中，而能转翕从己的，即依辟故，假说为心，亦云心行。据此说来……物和心是一个整体的不同的两方面……因为翕和辟，不是可以剖析的两片物事，所以说为整体。"（《新唯识论》，第319～320页）

熊十力还指出："本体现为大用，必有一翕一辟。而所谓翕者，只是辟的势用所运用之具。这方面的动向，是与其本体相反的。至所谓辟者，才是称体起用……譬如冰，毕竟不失水性，故云称也。辟却是和翕反，而流行无碍，能运用翕，且为翕之主宰的。然翕虽成物，其实亦不必果成为固定的死东西，只是诈现为质碍的物，只是一种迹象而已。我们应知，翕辟是相反相成，毕竟是浑一而不可分的整体。所以，把心和物看作为二元的，固是错误。但如不了吾所谓翕辟，即不明白万变的宇宙底内容，是涵有内在的矛盾而发展的，那么，这种错误更大极了。哲学家中，有许多唯心论者，其为说似只承认吾所谓辟的势用，而把翕消纳到辟的一方面去了。亦有许多唯物论者，其为说又似只承认吾所谓翕的势用，而把辟消纳到翕的一方面去了。他们唯心和唯物诸论者，均不了一翕一辟是相反相成的整体。至我之所谓唯心，只是着重于心之方面的意思，并不是把翕的势用完全消纳到辟的方面去。现在有些盛张辩证法的唯物论者，他们又把辟消纳到翕的方面去，不知物和心（即翕和辟）是相反相成的，不可只承认其一方面，而以他方面消纳于此的。我们只能说，翕和辟不可析为二片，近似二元论者所为。但于整体之中，而有两方面的势用可说，这有不容矫乱的。一切事物，均不能逃出相反相成的法则。我们对于心物问题（这是哲学上的根本问题），何独忘却这个法则（相反相成的法则），而把心消纳到物的方面去，

如何而可呢？"（《新唯识论》，第 323～324 页）

熊十力又说："我们要知道，实体显现为分殊的用或一切行的时候（此本无时候可说，但为言词之方便，须着此时候一词），一方面，决定有一种收摄凝聚的势用，即所谓翕。这种收凝的翕，其端绪虽很微细，很深隐，而由微至著，由隐至显，便成为一切物或物界了。然当其翕而成物时，另一方面，决定有一种刚健而无所不胜的势用，即所谓辟。这个辟，是与翕同时俱现的，亦即是运行于翕或一切物之中，而主宰乎一切物的。辟不是超脱于一切物之外的大神，却也不妨叫他做神，因为他很微妙的缘故。辟本是和物同体，而于同体之中却有分化，遂和物形成对立的样子。"（《新唯识论》，第 325 页）

熊十力另外指出："物者，只是我所谓收凝的势用所诈现之迹象而已。收凝的势用，名为翕，翕即成物（翕便诈现一种迹象，即名为物）。所以，物之名依翕而立……所谓辟者，亦名为宇宙的心。我们又不妨把辟名为宇宙精神。这个宇宙精神的发现，是不能无所凭借的。必须于一方面极端收凝，而成为物即所谓翕，以为显发精神即所谓辟之资具，而精神，则是运行乎翕之中，而为其主宰的。因此，应说翕以显辟、辟以运翕。盖翕的方面，唯主受，辟的方面，唯主施。受是顺承的意思，谓其顺承乎辟也。施是主动的意思，谓其行于翕而为之主也。须知，翕便成物，此翕也就是如其所成功的样子（意谓直是物化而已，此处吃紧），只堪为精神所凭借之资具。若无此翕，则宇宙精神无所凭以显。如果精神要显发他自己，他就必须分化，而分化又必须构成一切物。他才散著于一切物，而有其各别的据点，否则无以遂其分化了。所以说翕以显辟，只是理合如此，而翕之所以必须顺承乎辟者，亦以其止堪为辟之资具故……至于辟呢，他本是不物化的至刚至健的一种势用。他是包乎翕之外而彻乎翕之中，是能转翕而不随翕转的（转者，转化义，如甲令乙相与俱化之谓）。所以说辟以运翕，所以说辟为施，谓其行于翕而为之主也。翕和辟，本是相反的，而卒归于融和者，就在其一受一施上见得。受之为义，表示翕随辟转。施之为义，表示辟反乎翕而终转翕从己（己者，设为辟之自谓）。所以，翕辟两方面，在一受一施上成其融和。总之，辟毕竟是包涵着翕，而翕究是从属于辟的。"（《新唯识论》，第 328～329 页）

熊十力认识到，宇宙及其间事物的发展，是因为其本身内部涵有矛盾。这是内因论。矛盾的两个对立面，相反相成，斗争而统一。这是辩证法。他把翕辟的对立和"心""物"联系起来，他说，翕假说为物，辟假说为心。这个"假"是"假借"之"假"，不是"真假"之"假"。他反对唯物论者把"心"消纳于"物"，也反对唯心论者把"物"消纳于"心"，但他的哲学体系并不是心物二元论，因为心、物并不是他的体系中的最高范畴。

熊十力又说："余持全体分化之论，实宗主《大易》，非余一己之臆说也。《易》明乾元，分化为乾坤。乾坤虽分，而实互相含（乾卦中有坤象，明乾阳主动以运乎坤，是阳含阴也。坤卦中有乾象，明坤阴承乾而动，是阴含阳也）。乾坤不可剖作两体（只是功用之两方面，不是二元）。更不可于此两方面，任意而取其一，如唯心唯物诸戏论（唯心论者，只取精神为一元，是有乾而无坤也。唯物论者，只取物质为一元，是有坤而无乾也）。大化之流，不有反对，无由成变。不极复杂，何有发展（大化，犹云大用。流者，流行。

乾阳，坤阴，以相反对而成变化。可考《大易》)。此乃法尔道理，不容疑也。本论谈翕辟义，唯《大易》之乾坤而立。理见其真，后先相应（后学与先哲相应合也），胡可自标异乎？"(《体用论》，第127～128页）由此可见，熊十力所说的翕、辟，就是《周易》的乾、坤两卦所表示者。熊十力晚年著了一部书，叫《乾坤衍》。其实上面引的诸段引文所讲的翕、辟，是真正的"乾坤衍"。

第四节　熊十力的心学思想

熊十力的心学思想和他的宇宙论是一贯的。宋明道学的心学，认为人皆有"本心"。孟子说："人皆可以为尧舜。"王阳明说："满街都是圣人。"就是据其本心而言。熊十力认为，每个事物都有"辟"为其主宰，每个人所有的为其主宰的"辟"，自然就是他的本心了。熊十力说："追维孔门传授，有尽心之学（'尽心'，见《孟子》。发展本心之德用，曰尽心）。其要旨，在究明本心、习心之大别。毋以污习害其本。易言之，吾人固有良知、良能，常与天地万物周流无间。当尽力扩充之，俾其发展无竭。孟子盖尝得其传也……（本心一词，始见《孟子·告子》篇。后来禅宗盛言之。本心者，是本有，非后起故，遂名曰本……良知良能，即是本心。）"（《明心篇》，龙门联合书局 1959 年 4 月第 1 版，第 1～2 页）

良知、良能是王阳明心学的中心思想。熊十力对于阳明极为推崇，在《新唯识论》中已明言之。他说："吾国先哲对于境和心的看法，总认为是浑融不可分的。如《中庸》一书，是儒家哲学的大典，这书里面有一句名言。它说，明白合内外的道理，随时应物无有不宜的（原文云：'合内外之道也，故时措之宜也。'）。这句话的意思是怎样呢？世间以为心是内在的，一切物是外界独存的，因此，将自家整个的生命无端划分内外，并且将心力全向外倾，追求种种的境。愈追求愈无厌足，其心目习于逐物，卒至完全物化，而无所谓心。这样，便消失了本来的生命，真是人生的悲哀咧。如果知道，境和心是浑然不可分的整体，那就把世间所计为内外分离的合而为一了。由此，物我无间，一多相融（此中一谓小己，多谓万物）。虽肇始万变，不可为首（言虽万变不穷，而实无有人格的神，为首出的创造者，此本《大易·乾卦》篇中的意思）。而因应随时，自非无主（此心随时应物，自然不乱。可见这个心，就是一种主宰力）。用物而不滞于物，所以说无不宜。《中庸》这句话的意思很深远，从来直少人识得。孟子也说道：'万物皆备于我矣。'孟子盖以为万物都不是离我底心而独在的。因此，所谓我者，并不是微小的、孤立的，和万物对待着，而确是赅备万物，成为一体的。这种自我观念的扩大，至于无对，才是人生最高理想的实现。如果把万物看作是自心以外独存的境，那就有了外的万物和内的小我相对待，却将整个生命无端加以割裂，这是极不合理的。孟子这句话，至可玩味。程明道说'仁者浑然与万物同体'，也和孟子的意思相通。陆象山说'宇宙不在我的心之外的'（此中宇宙一词，是万物的总称），他自谓参透此理时，不觉手舞足蹈。他的弟子杨慈湖曾作一短文（题名《己易》），很能发明师说，虽文字极少（或不到一千字），而理境甚高。后来王阳明学问的路向和陆象山相近，王阳明也是昌言'心外无物'的。他的弟子，记录他的谈话，有一则云：'先生游南镇。一友指岩中花树问曰："先生说天下无心外之物。现在就这花树来说，他花树在深山中自开自落，于我的心有何相关呢？"先生曰："汝于此花不曾起了别的时候，汝的心是寂寂地，没有动相的。此花也随着汝心同是寂寂地，没有色相显现的（此时的花，非无色相，只是不显现）。汝于此花起了别的时候，汝心便有粗动相。此花的色相，也随着汝心，同时显现起来。可见此花是与汝心相随属的，决不在汝心之外。"'阳明这段话，可谓言近而旨远，实则这种意趣，也是孔孟以来一脉相承的。"（《新唯识论》，第273～274页）

熊十力又说："关于理的问题，有两派的争论。一、宋代程伊川和朱元晦等，主张理是在物的。二、明代王阳明始反对程、朱，而说心即理（这里即字的意义，明示心和理是一非二，如云孔丘即孔仲尼）。二派之论虽若水火，实则心和境本不可截分为二（此中境字，即用为物的别名。他处凡言境者皆仿此），则所谓理者本无内外。一方面是于万物而见为众理灿著；一方面说吾心即是万理赅备的物事，非可以理别异于心而另为一种法式，但为心上之所可具有，如案上能具有书物等也。唯真知心境本不二者，则知心境两方面，无一而非此理呈现，内外相泯，滞碍都捐。如果偏说理即心，是求理者将专求之于心，而可不征事物。这种流弊甚大，自不待言，我们不可离物而言理。如果偏说理在物，是心的方面本无所谓理，全由物投射得来，是心纯为被动的，纯为机械的，如何能裁制万物，得其符则（符者信也。则者法则。法则必信而可征，故云符则）？我们不可舍心而言理。二派皆不能无失，余故说理无内外。说理即心，亦应说理即物，庶无边执之过。关于理的问题，至为奥折……今在此中，唯略明理非离心外在云尔。"（《新唯识论》，第272～273页）

后边这一段，说明熊十力对于心学、理学的分歧，有调和的倾向，但还是归于心学。

第十一章

《中国哲学史新编》总结

总结分两部分。第一部分为从中国哲学史的传统看哲学的性质及其作用，第二部分为从中国哲学的传统看世界哲学的未来。

　　先说第一部分。

　　中国传统的画月亮的方法有两种：一种是在天空画一个圆圈子，说这就是月亮；另外一种画法是不画圆圈子，只是在月亮可能出现的天空中，涂以一片云彩，在云彩中留一块圆的空白，说那就是月亮。后一种画法称为"烘云托月"。这种表达事物性质的方法，我称为负的方法。用这一种方法表达事物的性质，不是先说事物的性质是什么，而是先说这种事物的性质不是什么。

　　哲学不是初级阶段的科学。在人类知识发展的过程中，哲学曾经被认为是人类知识的总名，后来由其中分化出来部分的知识称为科学。由这个意义说，哲学是初级的科学。有许多人提到少数民族的哲学史的时候，就提到它们的原始的宇宙发生论。这些人所了解的哲学，就是这个意义。

　　又有一派人认为，哲学是人类知识发展到现在的最高的产物。由这个意义说，哲学是太上科学。毛泽东就是这一派的最突出的代表。他说："什么是知识？自从有阶级的社会存在以来，世界上的知识只有两门，一门叫做生产斗争知识，一门叫做阶级斗争知识。自然科学、社会科学，就是这两门知识的结晶，哲学则是关于自然知识和社会知识的概括和总结。"（《整顿党的作风》，《毛泽东选集》第三卷，第773～774页）。他用垒宝塔的方法，一层一层地把哲学提高到太上科学的地位。在中华人民共和国建国初期，主持教育的人把全国各大学的哲学系集中到北大，成立一个统一的哲学系，要建立统一的哲学。当时的哲学工作者根据毛泽东的思想，认为要学习哲学，必须以自然科学和社会科学为基础，规定哲学系的学生在一、二年级必须先学一点自然科学或社会科学。这一点自然科学或社会科学怎样学呢？于是就开了一些课，讲授一些类似某种科学大纲或概论的课程。可是，某种科学大纲或概论并不能代替某种科学，学生也不能从其中得到对于某种自然科学或社会科学的全面的认识，更不能从其中总结出什么哲学。这种制度，从实践上证明是行不通的。

真正的哲学不是初级的科学，不是太上科学，也不是科学。这是它的性质所决定的。真正哲学的性质，如我在《新理学》中所说的"最哲学的哲学"，是对于实际无所肯定，科学则是对实际有所肯定。科学的性质，是对于实际必定有所肯定。任何一个科学命题，无论其是一个大发明，或是一篇小论文的题目，都必须对于实际有所肯定。如其不然，它就不能称为科学命题了。反过来说，如其对于实际有所肯定，它就不能称为哲学了。

在本书的《全书绪论》中，我说："哲学是人类精神的反思。所谓反思就是人类精神反过来以自己为对象而思之。人类的精神生活的主要部分是认识，所以也可以说，哲学是对于认识的认识。对于认识的认识，就是认识反过来以自己为对象而认识之，这就是认识的反思。"（《中国哲学史新编》第一册，第9页）《新知言》也说过这个意思："假使我们要只用一句话，说出哲学是什么，我们就可以说：哲学是对于人生底，有系统底，反思底思想。每一个人，只要他没有死，他都在人生中，但不是每一个人，都对于人生有系统底，反思底思想。这种思想，所以谓之反思，理由有二点。就第一点说，反思底思想，是以人生为对象底。以人生为对象底思想，仍是在人生中。在人生中思想人生底思想，是反思底思想。就第二点说，思想亦是人生中底一种主要底活动。以人生为对象而思之，不免也要以思想为对象而思之。这就是思想思想。思想思想底思想是反思底思想，思想是人生中底光。反思底思想是人生中底光的回光返照。"（《新知言·绪论》，《三松堂全集》，河南人民出版社，第五卷，第165页）这是一个比较笼统的提法。现在，本书即将结束，本章对于这个论点可以提出比较详细的说明。

金岳霖在英国剑桥大学说过："哲学是概念的游戏。"消息传回北京，哲学界都觉得很诧异，觉得这个提法太轻视哲学了。因为当时未见记录，不知道他说这句话时候的背景，也不知道这句话的上下文，所以对这个提法没有加以足够的重视，以为或许是金岳霖随便说的。现在我认识到，这个提法说出了哲学的一种真实性质。试看金岳霖的《论道》，不就是把许多概念摆来摆去吗？岂但《论道》如此，我的哲学体系，当时自称为"新统"者，也是如此。我在《新原道》中，自称我的哲学体系为"新统"，是由四组概念组成的：第一组是理，第二组是气，第三组是道体，第四组是大全。

金岳霖在《论道》中所摆出来的概念就很多了，但也不外乎这四组。他所说的"可能"，相当于我所说的"理"；他所说的"能"，相当于我所说的"气"，这是显而易见的。我们两个人的体系，显然都是"概念的游戏"。金岳霖在剑桥的提法，不过是用简单的话说出了一个公开的秘密。我不知道当时剑桥的人对于这个提法有什么反应。中国哲学界所以感到诧异者，认为这个提法太贬低了哲学的价值。金岳霖用"游戏"两个字，也许有解嘲的意思。其所以如此，因为金岳霖没有说明，人们也没有认识到，哲学在实际生活中可能发生的功用。就人的实际生活说，哲学中一组一组的对于实际无所肯定的概念，看着似乎是无用，但可能是有大用。哲学不能增进人们对于实际的知识，但能提高人的精神境界。我在《新原人》中指出，人的精神境界可能有四种：自然境界，功利境界，道德境界，天地境界。天地境界最高，但达到这种境界，非经过哲学这条路不可。

有人问我，科学认为，宇宙是有限的；哲学认为，宇宙是无限的。哲学能用什么方法证明宇宙是无限的？这个问题提得不对，但可借以说明一些问题。科学所谓宇宙，是指一个广大的物质空间。科学能用什么方法证明这个广大物质空间是有限的，我不知道。哲学所谓宇宙，并不是物质的广大空间，而是一个概念。这个概念，照定义就是无限的。《庄子·天下》篇所说的"惠施十事"中，有一条说："至大无外，谓之大一。"哲学所谓宇宙，就是一个"大一"，也就是我所说的"大全"，包括一切的"有"。如果"大全"之外还有什么"有"，所谓"大全"，就不是大全了，既然"大全"之外不可能有什么"有"，它就必然是无限的了。

西方有一句话说，哲学家不同于哲学教授。哲学教授是从文字上了解哲学概念，哲学家不同，他对于哲学概念，并不是只作文字上的了解，而是作更深入的理解，并把这样的理解融合于他的生活中。这在中国哲学传统的话中，叫做"身体力行"。例如，对于"大全"这个概念，如果仅作文字上的了解，那是很容易的，查字典，看参考书就可以解决问题。如果要身体力行，可就不那么容易了。哲学教授所做的，就是中国旧日所谓"口耳之学"。口耳之学固然容易，但并不能对于人的精神境界起什么作用。哲学的概念，如果身体力行，是会对于人的精神境界发生提高的作用。这种提高，中国传统哲学叫做"受用"。受用的意思是享受。哲学的概念，是供人享受的。例如"大全"这个概念，就可以使人得到很大的受用。柏拉图在《理想国》中说了一个比喻：一个人从小的时候就处在一个洞穴里，一旦被释放出来，他忽然看见天地的广大，日月的光明，必然感到豁然开朗，心中快乐。柏拉图指出，这是人初次见到"善的理念"的时候所有的感觉。人对于"大全"这个概念，如果有真正的了解，他所得的享受也会是如此。

《新原人》所说的四种境界，其最高的是"自同于大全"。不能"自同于大全"的人，把"我"与天地万物对立起来，这就是自外于"大全"，这就是自己把自己置于一个洞穴之中。"自同于大全"，就是把自己从"我"这个洞穴中解放出来。

张载（横渠）有句话说："大其心，则能体天下之物。"（《正蒙·大心》篇）"自同于大全"，就是"大其心"。张载的《西铭》，从乾坤父母说到"民胞物与"，说的都是"大其心"。"大其心"的最高成就，就是"自同于大全"。

近人常说有"大我"，有"小我"，这种提法是不对的。和"我"相对的是天地万物。柏拉图说的从洞穴中解放出来的人，就是从"我"中解放出来。如果他从"小我"中解放出来，又被置于"大我"之中，其"我"虽有大小，而其为洞穴则一。

周敦颐（濂溪）教二程"寻孔颜乐处，所乐何事"。有"自同于大全"这种最高精神境界的人，可以有一种最大的快乐。这种快乐，就是所谓"孔颜乐处"。"所乐何事"呢？孟子有一段话说："万物皆备于我矣。反身而诚，乐莫大焉。强恕而行，求仁莫近焉。"（《孟子·尽心上》）"万物皆备于我"是"自同于大全"的人的精神境界，这种精神境界也是"大其心"的成就。"反身而诚，乐莫大焉"是说，如果一个人真能达到这种境界，他会得到最大的快乐。"强恕而行，求仁莫近焉"是说，这种精神境界叫做"仁"；行"仁"的下手处，就是"忠恕之道"。

"仁"是儒家所说的最高精神境界的名称。"仁"这个词在《论语》中最多见，其意义也最多分歧。它可以是指仁、义、礼、智四德之一，也可以是指最高精神境界。《论语》记载孔子说："回也，其心三月不违仁，其余则日月至焉而已矣。"（《雍也》）这就是说，颜回可以达到最高的精神境界，而且持续三个月之久；其余的学生不过是偶然达到而已。孔子特别加上"其心"二字，以明他所说的是颜回的精神境界。所谓"寻孔颜乐处，所乐何事"，其乐处就在于这种精神境界，其所乐也就是这种精神境界。周敦颐是北宋五子之一，有人怀疑他并没有大的哲学体系，似乎不能与其他四人并驾齐驱。其实，他对于二程的这条教导，就足以奠定他在道学中的地位了。

近来常有人提倡"以苦为乐"，这话欠通。"苦"就是苦，怎么能以为"乐"呢？人们所以能以苦为乐者，是因为他在人们所引以为苦的事中，得到更大的快乐。但他又不是一个快乐主义者，因为他所寻求并得到的快乐，是精神境界中的快乐，不是肉体的快乐。

佛学所讲的"涅槃"与"般若"也是人的精神境界。"涅槃"是"自同于大全"，达到这种境界的人，谓之"成佛"。"般若"是"涅槃"的自觉，达到最高境界的人必须是自觉的。如其不然，那就如《庄子·天下》篇所说的"块不失道"了。"涅槃"和"般若"是佛学中的两个主要概念。僧肇的《肇论》中有《涅槃无名论》和《般若无知论》，特别提出"无名"和"无知"，作为它们的特点。大全无名，所以"自同于大全"的精神境界也无名。"自同于大全"必须是自觉的；但是，这个自觉并不是一种知识，所以特别提出"无知"二字。"般若"是无知之知，僧肇称之为"照"。太阳光普照大地，但它自己并不用心，这就是"寂而恒照，照而恒寂"。"涅槃"和"般若"是佛家所谓成佛的人的精神境界的两个方面。

《论语》中记载："子在川上曰：'逝者如斯夫，不舍昼夜。'"（《论语·子罕》）道学家们认为这是孔子"见道体之言"。哲学家对于哲学中的主要概念，不仅要有理智的理解，而且要有直觉的感受。所谓"道"是道学所谓"大用流行"。道是在动态中的大全，大全是在静态中的道。对于"动的大全"这个概念，有深刻理解的哲学家，必然也会直接地感受到有一个无头无尾、无始无终的洪流在那里流动着，这就是"道体"。孔子在川上的那种感受，正是这种直觉，所以道学家们称之为"见道体之言"。程颢的《识仁篇》说："学者须先识仁。仁者浑然与物同体，义、礼、知、信皆仁也。识得此理，以诚敬存之而已，不须防检，不须穷索。"（见《程氏遗书》卷二上）"浑然与物同体"，是"仁者"的直觉。"识得此理"的这个"理"字，说明"浑然与物同体"就不是一个直觉，而是一个概念了。必须把直觉变成一个概念，其意义才能明确，才能言说。概念与直觉，不可偏重，也不可偏废。理学和心学的分歧，其根源就在于此。理学偏重分析概念，心学偏重运用直觉。鹅湖之会，两派互相批评。心学认为理学支离，理学认为心学空疏。理学偏重分析概念，由此而流之于解释文字，考订篇章，离开精神境界的修养越来越远。朱熹自己也承认为支离。他在回答吕子约的信中说："熹亦近日方实见得向日支离之病，虽与彼中证候不同，然忘己逐物，贪外虚内之失，则一而已。"（《王文成公全书·朱子晚年定论》）王守仁将此信选入《朱子晚年定论》中，自有其目的；但这些话，是出于朱熹之口，这也是不能否认的。

金岳霖指出"哲学是概念的游戏"，而没有把这个论断同人类精神境界结合起来，以至于分析概念似乎是一种游戏。如果认识到真正的哲学是理智与直觉的结合，心学与理学的争论亦可以息矣。

戊戌变法的一个大理论家谭嗣同，作了一部书，名为《仁学》。这个名称，很可以作为我所说的哲学的名称。在中国文字中，"仁""人"两个字可以互训。《中庸》说："仁者，人也。""仁"是儒家所说的人的最高精神境界，也是人之所以为人的最高标准。"仁学"也可以称为"人学"。人学所讲的是关于"人"的学问。生理学、医学以及心理学所讲的也是关于"人"的学问，但它们所讲的是关于"人"的身体方面的事情；仁学所讲的则是人的精神境界，这两者之间大有区别。李白诗中说："早服还丹无世情，琴心三叠道初成。遥见仙人彩云里，手把芙蓉朝玉京。"他得道靠的是吃药，可见他所得的"道"是关于身体方面的事情。他得"道"之后所看见的是一种幻觉，可见他所得的"道"是道教的"道"，不是道家和道学所说的"道"。道家和道学所说的"道"是人的精神境界，道教所说的"道"是关于人的身体方面的事情。近来常听人们议论说，要提高人的素质。这个提高，就是人的精神境界的提高。其详细的内容，张载已经在四句话中说清楚了。

张载的四句话，我称之为"横渠四句"。

这四句话有异文。朱熹编的《近思录》作"为天地立心，为生民立命，为往圣继绝学，为万世开太平"。《宋元学案》引文同。中华书局所编的《张载集》收的《语录》作"为天地立志，为生民立道，为去圣继绝学，为万世开太平"。关于异文的考证，现不能作，也不必做。但就义理而言，应从《近思录》。我在本书第五册中认为"立命"二字应该从《语录》而为"立道"，这个论断是错误的。"为天地立心，为生民立命，为往圣继绝学，为万世开太平"这四句话，简明地说出了人的特点，人之所以为人，即"人之所以异于禽兽者"。这四句中的那四个"为"字的主词，可能是张载本人，也可能是哲学家，也可能是哲学。无论如何，从一般人的观点看，第一句"为天地立心"很费解。其实，并不费解。宋朝有一个无名诗人，在客店的墙上题了两句诗："天不生仲尼，万古长如夜。"这是以孔子为人类的代表。他应当说："天若不生人，万古长如夜。"在一个没有人的世界中，如月球，虽然也有山河大地，但没有人了解，没有人赏识，这就是"长如夜"。自从人类登上月球，它的山河大地方被了解，被赏识。万古的月球，好像开了一盏明灯，这就不是

"长如夜"了。地球和其他星球的情况，也是如此。地球上的山河大地是自然的产物，历史文化则是人的创造。人在创造历史文化的时候，他就为天地"立心"了。人所立之"心"，是宇宙"底"（所有格）心，不是宇宙"的"（形容词）心。

第二句是"为生民立命"。"立命"二字，在儒家经典中，初见于《孟子》。孟子说："夭寿不二，修身以俟之，所以立命也。"（《尽心上》）儒家所谓"命"，是指人在宇宙间所遭遇的幸或不幸，认为这是人所不能自主的。信宗教的人，于不能自主之中，要求一个"主"。信基督教的人遇见不能自决的事，就祷告"上帝"，求他的"主"帮助他决定。祈祷以后，他自己再作决定。即使这个决定还是以前的决定，他也认为这是他的"主"替他作的决定。儒家指出，不需要这个"主"。人在宇宙间所遇到的幸或不幸，是个人的力量所不能控制的。既然个人不能控制，那就顺其自然，而只做个人所应该做的事。这就是"夭寿不二，修身以俟之"。人的精神境界达到这样的高度，宗教对于他就失去作用了。蔡元培提倡以美育代宗教，其实，真能代替宗教的是哲学。

第三、四句都是"人之所以异于禽兽者"的事。对于禽兽，只有现在，没有过去，也没有将来，也无所谓"为往圣继绝学，为万世开太平"。

最合于"人之所以为人"的标准的人，儒家称为"圣人"。儒家认为，圣人最宜于做社会最高统治者，因为他是廓然大公。柏拉图认为，在他的理想社会中，最合适的统治者是哲学家，即把哲学与政治实践结合起来的所谓"哲学王"。儒家也认为，有圣人之德者，才宜于居最高统治者之位，这就是所谓"圣王"。《庄子·天下》篇认为，最高的学问是"内圣外王之道"，用我们现在的话说，就是哲学。

在中国封建社会里，封建统治者利用这个传统的说法欺骗人民。照他们的解释，不是圣人最宜于为王，而是为王者必定是圣人。所以在中国封建社会中，有关统治者的事都称为"圣"。皇帝的名字称为"圣讳"，皇帝的命令称为"圣旨"，甚至于皇帝的身体也称为"圣躬"。

欺骗终究是欺骗，没有人信以为真。在中国哲学史中，从孟子起，就把政治分为两种：一种名为"王"，一种名为"霸"。王者"以德服人"，霸者"以力服人"。中国的历代王朝都是用武力征服来建立和维持其统治的，这些都是霸。至于以德服人的，则还没有。宋明以来，道学和反道学的"王霸之辨"，其根本的分歧就在于此。

照我的了解，圣人之所以为圣，全在于他的最高精神境界。

中国哲学的传统认为最宜于为王的人是圣人，因为有圣人之德的人是大公无私的。程颢说："天地之常，以其心普万物而无心；圣人之常，以其情顺万事而无情。"（《答横渠张子厚先生书》，《程氏文集》卷二）大公无私，只有最高精神境界的人才能如此。所以，只有圣人才最宜于为王。这就是"内圣外王"之道的真正意义。

再说第二部分。

客观的辩证法有两个主要范畴：一个是统一，一个是斗争。马克思主义的辩证法思想认为，矛盾斗争是绝对的，无条件的；统一是相对的，有条件的。这是把矛盾斗争放在第一位。

毛泽东论一个统一体中的对立面的关系时说："原来矛盾着的各方面，不能孤立地存在。假如没有和它作对的矛盾的一方，它自已这一方就失去了存在的条件。试想一切矛盾着的事物或人们心中矛盾着的概念，任何一方面能够独立地存在吗？……一切对立的成份都是这样，因一定的条件，一面互相对立，一面又互相联结、互相贯通、互相渗透、互相依赖，这种性质，叫做同一性。一切矛盾着的方面都因一定条件具备着不同一性，所以称为矛盾。然而又具备着同一性，所以互相联结。列宁所谓辩证法研究'对立怎样能够是同一的'，就是说的这种情形。怎样能够呢？因为互为存在的条件。这是同一性的第一种意义。(《毛泽东选集》第一卷，第302～303页)又说："事情不是矛盾双方互相依存就完了，更重要的，还在于矛盾着的事物的互相转化。这就是说，事物内部矛盾着的两方面，因为一定的条件而各向着和自己相反的方面转化了去，向着它的对立方面所处的地位转化了去。这就是矛盾的同一性的第二种意义。"(《毛泽东选集》第一卷，第303页)

关于"互相渗透"，毛泽东1957年在最高国务会议第十一次（扩大）会议作了《关于正确处理人民内部矛盾的问题》的讲话。我当时以全国政协委员的身份列席了这次会议。在讲到互相渗透的时候，毛泽东曾引了元朝赵孟頫送他的夫人管仲姬的一首曲子作为说明："我侬两个忒煞情多，好比一对泥人儿，将来一起都打破，再捏再塑再调合。我中有了你，你中也有了我。"这首曲子生动形象地说明了两个对立面的互相依存、互相渗透。大概毛泽东的左右们认为这个说明过分强调了对立面的统一性，在后来发表的文件中这首曲子被删去了。

其实，统一性是不会过分强调的。一个统一体的两个对立面，必须先是一个统一体，然后才成为两个对立面。这个"先"是逻辑上的先，不是时间上的先。用逻辑的话说，一个统一体的两个对立面，含蕴它们的统一性，而不含蕴它们的斗争性。一个统一体的两个对立面，又统一又斗争，好像一对夫妇，不是冤家不聚头，这是两个男女已经成为夫妇之后，才有了的情况；并不是任何一对男女都可能有这种情况。他们之所以有这种情况，是以他们之统一为夫妇为前提的。

客观的辩证法只有一个，但人们对于客观辩证法的认识，可以因条件的不同而有差别。照马克思主义的辩证法思想，矛盾斗争是绝对的，无条件的；"统一"是相对的，有条件的。这是把矛盾斗争放在第一位。中国古典哲学没有这样说，而是把统一放在第一位。理论上的这点差别，在实践上有重大的意义。

任何革命都是要破坏两个对立面所共处的那个统一体。那个统一体破坏了，两个对立面就同归于尽，这就是"底"。革命到这个程度就"到底"了。这是一个事物的总发展过程中的一个段落。就一个社会说，这是它的总发展的一个段落。一个革命"到底"了，作为这个革命对象的那个统一体被破坏了，共处于这个统一体中的两个对立面同归于尽了，可这个社会仍然存在，不过它要从一个统一体转入到另一个统一体。社会转变了，作为原来统一体的两个对立面的人仍然存在，人还是那些人，不过他们转化了。革命家和革命政党，原来反抗当时的统治者，现在转化为统治者了。作为新的统治者，他们的任务就不是要破坏什么统一体，而是要维护这个新的统一体，使之更加巩固，更加发展。这样，就从"仇必仇到底"的路线转到"仇必和而解"的路线。这是一个大转弯。在任何一个社会的大转变时期，都有这么一个大转弯。

张载对于辩证法又作了一个概括，他说："两不立则一不可见，一不可见则两之用息。"（《正蒙·太和篇》）"一"泛指一个统一体，"两"指一个统一体的两个对立面。一个统一体的存在，就表现在它的两个对立面中，所以说"两不立则一不可见"；如果没有一个统一体，也就没有两个对立面了，所以说"一不可见则两之用息"。"两之用"，就是矛盾斗争推动事物发展前进。

张载说"仇必和而解"，这个"和"字，不是随便下的。"和"是张载哲学体系中的一个重要范畴，《正蒙》第一篇的题目就是《太和》，开头就说："太和所谓道，中涵浮沉、升降、动静、相感之性，是生细缊、相荡、胜负、屈伸之始。"所谓"和"，并不是没有矛盾斗争，而是充满了矛盾斗争。所谓"浮沉、升降、动静、相感之性"，就是矛盾；所谓"细缊、相荡、胜负、屈伸"，就是斗争。张载认为，一个社会的正常状态是"和"，宇宙的正常状态也是"和"。这个"和"，称为"太和"。

在中国古典哲学中，"和"与"同"不一样。"同"不能容"异"；"和"不但能容"异"，而且必须有"异"，才能称其为"和"。譬如一道好菜，必须把许多不同的味道调和起来，成为一种统一的、新的味道；一首好乐章，必须把许多不同的声音综合起来，成为一个新的统一体。只有一种味道、一个声音，那是"同"；各种味道，不同声音，配合起来，那是"和"。

客观辩证法的两个对立面矛盾统一的局面，就是一个"和"。两个对立面矛盾斗争，当然不是"同"，而是"异"；但却同处于一个统一体中，这又是"和"。

"仇必和而解"是客观的辩证法。不管人们的意愿如何，现代的社会，特别是国际社会，是照着这个客观辩证法发展的。第一次世界大战刚刚结束，就出现了国际联盟。第二次世界大战爆发，国际联盟失败，跟着就出现了联合国。联合国比国际联盟组织更加完善。虽然其成绩距人们所期望的还很远，但在国际社会中，已成为一支道义的力量，影响越来越大。不过在人们的意识形态方面，它还没有占据一定的地位。在西方哲学界中，流行着一种所谓专门性很高的哲学，研究与人生日用无关的问题。我在 1947 年在美国遇见一位哲学教授，他说，当时的美国哲学教授，最怕学生的家长们所问的一个问题："你教孩子们的那些东西，对孩子们有什么用处？"教授们对于这个问题，茫然不知所对。联合国在巴黎设了一个哲学研究所，我也是其中的一个成员，参加过几次会议。这些会议所讨论的，仍然是当时美国哲学教授们所感到受窘的问题，与联合国所需要讨论的问题毫无关系。中国传统哲学，一直被视为汉学的一部分，认为它与哲学毫无关系。其实，在中国哲学传统中，哲学是以研究人为中心的"人学"。本书的读者如果顺序读下来就可以明白这个意思。

上文说过，现代历史是向着"仇必和而解"这个方向发展的，但历史发展的过程是曲折的，所需要的时间，必须以世纪计算。联合国可能失败。如果它失败了，必将还有那样的国际组织跟着出来。人是最聪明、最有理性的动物，不会永远走"仇必仇到底"那样的道路。这就是中国哲学的传统和世界哲学的未来。

乱曰：

> 为天地立心，
>
> 为生民立命，

为往圣继绝学，

为万世开太平。

高山仰止，

景行行止，

虽不能至，

心向往之。

蔡仲德

附录：冯友兰先生评传

　　中国现代哲学家、哲学史家、教育家冯友兰先生，1895 年 12 月 4 日（农历十月十八日）生于河南省唐河县祁仪镇。先生字芝生。先世原籍山西高平县，清康熙年间至唐河经商，遂定居于此，百余年间，繁衍为当地望族。父讳台异，字树侯，号复斋，清光绪戊戌科进士，伯父、叔父皆秀才。台异公曾任张之洞所办武昌方言学堂会计庶务委员，被委勘测粤汉、川汉铁路路线，又曾任湖北崇阳知县。母吴氏，讳清芝，字静宜，通文墨，富识见，善持家，曾任唐河端本女学学监。

　　先生 6 岁入私塾，依次读《三字经》《诗经》《论语》《孟子》《大学》《中庸》，亦读可称新学之地理普及读物《地球韵言》。9 岁，随母至武昌父亲任所，由母亲课读《书经》《易经》《左传》《礼记》及台异公编撰之历史、地理讲义。12 岁，移家崇阳，随教读师爷学古文、算术、写字、作文，开始接触《外交报》等新报刊。次年，父病故，随母扶柩返故里，仍读私塾。此后，先生与弟景兰（后为地质学家）、妹沅君（后为作家、古典文学专家）皆由吴太夫人教育成人。故先生尝言："母亲是我一生中最敬佩的人，也是给我影响最大的人。"[①]

1910 年，考入唐河县立高等小学预科。次年，以第一名考入开封中州公学中学班。1912 年，转入武昌中华学校，同年底考入上海中国公学预科。次年，因喜好逻辑而立志学哲学。1915 年夏，自中国公学预科毕业，考入北京大学法科，入学后转文科哲学门。1917 年，蔡元培长北大，任陈独秀为文科学长，胡适等为教授，北大遂由官僚养成所一变而为新文化运动之基地，先生亦颇受影响。1918 年，先生由北大毕业，于开封与任载坤结婚，任河南第一工业学校语文、修身教员。同时，与友人创办《心声》杂志，以响应"五四"运动。1920 年初，留学美国，入哥伦比亚大学研究院哲学系，师从杜威、伍德布利奇、蒙太格等。次年，于哥大哲学系宣读论文《为什么中国没有科学》。1923 年，通过博士论文答辩，回国。

回国后，任开封中州大学教授兼哲学系主任、文科主任。1924 年，博士论文《人生理想之比较研究》（英文）出版，获哥大哲学博士学位。次年秋至广州，任中山大学教授兼哲学系主任。1926 年初，改任燕京大学哲学系教授，开始讲授中国哲学史。

1928 年秋，应罗家伦之邀，至清华大学任哲学系教授兼校秘书长，先生在此找到了安身立命之地。1929 年起任清华哲学系主任，

[①] 《三松堂自序》，《三松堂全集》第 1 卷第 112 页。先生生前居北京大学燕南园三十余年，宅前有松三株，因以为号，故其宅称"三松堂"，其回忆录名"三松堂自序"，其全集名"三松堂全集"。先生晚年又有联云"心怀四化，意寄三松"。

1931 年起，任清华文学院院长，直至 1949 年。抗战期间，清华大学与北京大学、南开大学迁至昆明，合并为西南联大，先生又任联大文学院院长。在此期间，先生曾出版《中国哲学史》上下册（上册 1931 年，下册 1934 年），出版《新理学》《新事论》《新世训》《新原人》《新原道》《新知言》（1939 年至 1946 年，合称"贞元六书"），确立了在学术界的地位。在此期间，先生还曾两次出国。一次为 1933 年至 1934 年，赴英国讲学，赴欧洲大陆考察。回国后曾分别在燕京大学、北京大学、清华大学作题为"在苏联所得之印象""秦汉历史哲学"之讲演，宣传唯物史观，对苏联与社会主义表示好感。因此曾遭逮捕。另一次为 1946 年应邀赴美，任宾夕法尼亚大学、夏威夷大学客座教授，讲中国哲学史，并接受普林斯顿大学赠予之名誉博士学位，1948 年回国。1942 年，先生已是教育部部聘教授，1948 年又任中央研究院院士。同年秋，曾往南京出席中央研究院第一届院士会议，并当选为研究院评议会委员。是年 12 月中，梅贻琦（原清华大学校长）离开清华，先生任校务会议临时主席，维持清华日常工作。

对社会主义与唯物史观的好感使先生易于接受马克思主义，对国民党政权的失望更使先生寄希望于共产党，因而 1949 年后他曾致函毛泽东，表示要用马克思主义重新写一部《中国哲学史》。但他对思想改造并无充分思想准备，也不善于处理新形势下学术与政治的关系。1949 年 5 月，中共北京市军管会决定成立清华大学校务委员会，任命先生为委员。同年 9 月，先生辞去清华大学哲学系主任、文学院院长、校委会委员等职。1950 年 8 月，哲学界开始批判先生的思想，同年 10 月，先生开始自我批判。1951 年底，先生参加中国文化代表团访问印度、缅甸，接受德里大学名誉文学博士学位。1952年初回国后，多次检查1949年前言行，未能通过。院系调整后，清华文科被取消，哲学系合并于北京大学，先生竟仅评为四级教授。此后又是连年接受批判、自我批判。1954年后评为一级教授，受聘为中国科学院学部委员、常务委员，但对他的批判始终不断。故先生自己曾总结说，1949年后的十余年中"也写了一些东西，其内容主要的是忏悔，首先是对我在40年代所写的那几本书的忏悔。并在忏悔中重新研究中国哲学史，开始写《中国哲学史新编》。"① 但先生也曾力争发表一些并非忏悔的见解与主张。这些见解与主张刚一提出，便受到批判。其中较重要的有两次。一次是于1957年初发表《中国哲学遗产的继承问题》，提出应区分哲学命题的具体意义与抽象意义（即所谓"抽象继承法"），反对强调具体意义，对哲学遗产否定过多，力图为传统文化保留地盘。另一次是于1958年发表《树立一个对立面》，不同意大学培养普通劳动者的"教育革命"主张，强调综合大学哲学系仍应培养专搞或多搞理论的哲学工作者。

"文化大革命"中，先生遭受种种迫害，苦不堪言。后因毛泽东发表有关指示，处境略有改善。为了生存下去，写成《中国哲学史新编》，遂响应毛泽东号召，参加"批林批孔"运动，批判自己的尊孔思想，也以"评法批儒"观点写了一些诗文。先生本衷心信任毛泽东、共产党，尽量说服自己相信以毛泽东、共产党名义推行的一切。不料"四人帮"粉碎后，竟又一次遭到批判，先生与毛泽

_____

① 《三松堂自序》，《三松堂全集》第1卷第261页。

东的关系被歪曲为与"四人帮"的关系，还被加上一些莫须有的罪名。任夫人又于此时在批判声中病故。外界的压力、内心的悲痛促使先生猛醒，他总结以往的教训，决心今后"修辞立其诚""海阔天空我自飞""只写我自己……对于中国哲学和文化的理解和体会，不再依傍别人"①。

1979年，先生坚持抛开"文革"前已出版的两本《新编》，以八十四岁高龄从头开始写七卷本《中国哲学史新编》。此后的岁月，除1982年曾出访美国，接受母校哥伦比亚大学赠予之名誉博士学位以外，其他时间都集中于《新编》的写作，连政协会议也不出席（先生是全国政协第六、七届常委）。此《新编》写作的过程也就是他"修辞立其诚""海阔天空我自飞"的过程。故《新编》新见迭出，每与时论不合。先生尝言："如果有人不以为然，因之不能出版，吾其为王船山矣。"②1990年7月，先生终于实现宏愿，以95岁高龄完成《新编》。

1990年11月26日，先生与世长辞。

回顾先生近一个世纪的历程，可将其分为三个时期：1948年前为第一时期，1949年至1976年为第二时期，1977年至1990年为第三时期。先生自己曾将毕生事业总结为"三史释今古，六书纪贞元"。其中之"三史"是指所著三部哲学史，即《中国哲学史》《中国哲学简史》以及《中国哲学史新编》；"六书"则指抗战期间所写《新理学》等"贞元六书"。如从三个时期考察"三史""六书"的

① 《中国哲学史新编》修订本第一册《自序》。
② 《中国哲学史新编》第七册《自序》。

写作，便可发现，先生在第一时期写了二史、六书，确立了自己的学术地位；在第二时期，于忏悔中写了两册《新编》；在第三时期，他否定了第二时期所写的两册《新编》，从头开始写作，完成了七册《新编》，作出了新的贡献。这就表明，先生一生的三个时期，分别是他实现自我、失落自我、回归自我的时期（但应指出，先生的第二时期并未完全失落自我，第三时期则于回归中既有修正又有发展。所谓"失落""回归"是就大体而言）。先生的历程是中国现代知识分子苦难历程的缩影，也是中国现代学术文化曲折历程的缩影，具有典型意义。

"三史""六书"是先生对中国现代学术文化的两大贡献。

"三史"是对中国哲学史领域的贡献。

三十年代出版的《中国哲学史》两卷本是第一部完整的具有现代意义的中国哲学史，其成就远在胡适《中国哲学史大纲》上卷（下卷始终未出版）之上。陈寅恪曾评论此书，以为"取材谨严，持论精确……今欲求一中国古代哲学史，能矫傅会之恶习，而具了解之同情者，则冯君此作庶几近之"，"此书作者取西洋哲学观念，以阐紫阳之学，宜其成系统而多新解"①。此书的基本架构已为中国哲学史界普遍接受、此书的许多观点（如名家应分为惠施之"合同异"、公孙龙之"离坚白"两派，"二程"思想不同，分别为心学、理学之先驱；又如程朱异同，陆王异同，朱王异同；等等），均为前人所未发，后人所不能改变，已成为学术界的定论。此书是中国哲学史学科的奠基之作。

---

① 《审查报告》一、《审查报告》三，均见《中国哲学史》下册附录。

1948 年以英文在美国出版的《中国哲学简史》，在《中国哲学史》、"贞元六书"基础之上，冶哲学史经验与哲学心得于一炉，以二十万字述几千年中国哲学史，简明，生动，出神入化，确如其自序所说"譬犹图画，小景之中，形神具足。非全史在胸，曷克臻此"。

此二史均有多种译本，已成为各国大学通用之基本教材。故李慎之先生有云，"如果说中国人因为有严复而知有西方学术，外国人因为有冯友兰而知有中国哲学，这大概不会是夸张"。①

《中国哲学史新编》前六册出版于 1982～1989 年，与两卷本相比，《新编》有显著特色，一是它不以人为纲而以时代思潮为纲，是"以哲学史为中心而又对中国文化史有所阐述的历史"；二是以共相与殊相、一般与特殊问题为基本线索，贯穿整部中国哲学史；三是着重阐述中国哲学史中关于人的精神境界的学说，以之贡献于今日中国，贡献于人类世界。与两卷本相比，《新编》还提出了许多新见，如认为玄学的主题"有""无"是"异名同谓"，据此分析，可说明玄学发展的三个阶段，即"贵无""崇有""无无"；认为佛学的主题是主观唯心主义与客观唯心主义的斗争，以此为线索，可说明佛学发展的三个阶段，即"格义""教门""宗门"；认为道学的主题是讲"理"，其中分程朱理学、陆王心学、张王气学三派，道学又分为前后两期，用黑格尔的三段法说，前期二程是肯定，张载是否定，朱熹是否定之否定，是前期之集大成者，后期朱熹是肯定，陆王是否定，王夫之是否定之否定，是后期之集大成者，也是全部

---

① 《融贯中西，通释今古》,《冯友兰先生纪念文集》第 9 页。

道学之集大成者。《新编》还有许多"非常可怪之论",如认为太平天国要在中国实行神权政治,这会使中国历史倒退,曾国藩打败太平天国,使中国避免倒退,是一大功绩。

"六书"则是对中国现代哲学的贡献。此六书是一个整体,可视为一部书的六个章节。

《新理学》是"六书"的总纲,是其中的自然观、宇宙观、形上学,它由"理""气""道体""大全"这四个观念推出四组命题,认为宇宙由形而下的"实际"与形而上的"真际"构成,"真际"比"实际"更广阔,因为可能"真际"中有某理而"实际"中尚无此事物,而不可能"实际"中有某事物而"真际"中尚无此理,"真际"又比"实际"更根本,因为必需先有理然后才有事物。它所讨论的其实就是哲学中的"共相"与"殊相"、一般与特殊的关系问题,其结论是"理在事先",理先于具体事物而有,理比具体事物更根本(先生后来承认正确的结论应该是"理在事中")。

《新事论》又名"中国到自由之路",是"六书"中的社会观,是《新理学》观点在社会问题中的应用。它根据唯物史观,认为人类社会的基本类型是共相,各异的民族特性是殊相,每一国家均可由某一类型转化为另一类型,这就是共相寓于殊相之中。就当代中国而言,当务之急是从"以家为本位的社会"向"以社会为本位"的社会转变,转变的关键则是实行产业革命,实行工业化,这就是"中国到自由之路"。

《新世训》是"六书"中的生活方法论与道德修养论,主要是选择中国传统生活方法论、道德修养论中具有普遍意义者加以现代意义的阐释。

《新原人》是"六书"中的人生哲学。它认为人对宇宙人生的不同程度的觉解构成不同的人生境界，大致说来，有四种境界：一是自然境界，即一切顺从本性或习惯，对宇宙人生毫无觉解；二是功利境界，即为私、为个人的利益而生活；三是道德境界，即为公、为社会的利益而生活；四是天地境界，即觉解宇宙、"真际"，彻底了解人生的意义，为宇宙的利益而生活，以至与宇宙合一，达到"极高明而道中庸"的理想境界。其中前两种境界是自然的赐予，后两种境界是精神的创造，而哲学的功用就在于提高人的觉解，使之达到道德境界、天地境界。

《新原道》是"六书"中的哲学史观，其副题为"中国哲学之精神"，它的主旨则是"述中国哲学主流之进展，批判其得失，以见新理学在中国哲学史中之地位"。

《新知言》是"六书"中的方法论，它总结中西哲学史的经验，强调哲学方法应是"正的方法"（说某物是什么）与"负的方法"（"烘云托月"法，不说某物是什么，而只说它不是什么）的结合。

以上六书构成一个完整的哲学体系，先生称之为"新理学"体系，因为它主要是"接着"程朱理学讲的，本质上属于新儒学中的理学一系。但它并无门户之见，而是"承百代之流，而会乎当今之变"，对理学与心学、气学，对儒家与道家、墨家、玄学乃至禅宗皆既有所取，也有所弃。同时它又接受西方柏拉图哲学、新实在论与马克思主义的某些因素，试图运用逻辑分析方法解决中国哲学问题。"新理学"体系是中国哲学现代化的可贵成果，先生因此成为少数几位思想自成体系的中国现代哲学家之一。

此外，先生还在以下三个方面对中国现代学术文化作出了贡献。

其一是在文化方面的贡献。先生曾说："我生活在不同的文化矛盾冲突的时代。我的问题是如何理解这个矛盾冲突的性质，如何处理它们，以及在这个矛盾冲突中何以自处。"① 这其实也是中国文化一百多年来所面临的问题。先生对这一问题作出了自己的回答。

1934 年，他在布拉格召开的第八届国际哲学大会上宣读论文《哲学在当代中国》，其中说，50 年来对新旧文明（即中西文化）的解释与批评经历了三个阶段，第一阶段以戊戌变法为标志，主要精神是用旧的眼光批评新的；第二阶段以"五四"新文化运动为标志，主要精神是用新的眼光批评旧的；第三阶段以 1926 年的民族运动为标志，其精神不是用另一种文明的眼光去批评某种文明，而是用另一种文明去阐明某种文明，使两种文明都能被人更好地理解。先生赞赏第三阶段的精神，他说："我们把它们（指中西文化——蔡按）看作人类进步同一趋势的不同实例，人类本性同一原理的不同表现。这样，东方西方就不只是联结起来了，它们合一了……希望不久以后我们可以看到，欧洲哲学观念得到中国直觉和体验的补充，中国哲学观念得到欧洲逻辑和清晰思想的澄清。"②

1940 年，他在《新事论》中对此前出现的"全盘西化"论与"中国本位文化"论提出批评，认为它们"俱是说不通，亦行不通底"。他从"新理学"体系"别共殊"的观点出发，认为各国文化之间既有相同的基本类型，也有各异的民族特性，前者是文化的时代性，后者是文化的民族性。以此观点比较中西文化，便可发现

① 《哥伦比亚答词》，《三松堂全集》第 13 卷，第 424 页。
② 《三松堂全集》第 11 卷，第 271 页。

"一般人心目所有之中西之分，大部分都是古今之异……西洋文化之所以是优越底，并不是因为它是西洋底，而是因为它是近代底或现代底。我们近百年来之所以到处吃亏，并不是因为我们的文化是中国底，而是因为我们的文化是中古底"。以此观点处理中西文化关系，处理中国传统文化与现代化的关系，便应认识中国文化的任务是由前现代文化向现代文化转型，而西方文化已经完成这一转变，故应向西方学习。但所学应是西方文化中对现代化具有普遍意义的东西，而不是西方文化的民族特性，故其中与现代化相关的主要部分是我们需要吸取的，与现代化无关的偶然部分（或曰民族特性）是我们不必吸取的。同理，中国传统文化中与现代化相冲突的部分是我们应当改变的，与现代化不相冲突的部分是我们不必改变的。就与现代化化相冲突者均需改变而言，这种改变是全盘的；就与现代化不相冲突者均不必改变，只改变文化类型而不改变民族特性而言，这种改变又是中国本位的 [1]。

1948 年他在《中国哲学与未来世界哲学》一文中说，西方哲学中有神秘主义而不够神秘，中国哲学则逻辑分析方法从未得到充分发展，"在我看来，未来世界哲学一定比中国传统哲学更理性主义一些，比西方传统哲学更神秘主义一些。只有理性主义与神秘主义的统一才能造成与整个未来世界相称的哲学"，而中国哲学对未来世界哲学所可能作出的贡献，则是"在日常生活之内实现最高的价值，还加上经过否定理性以'越过界线'的方法（即"负的方法"——

---

[1] 《三松堂全集》第 4 卷，第 224～227 页。

蔡按）"①。

以上是先生处理中西文化关系的理论，"新理学"体系则是这一理论的实践。故张岱年先生曾说："当代中国哲学界最有名望的思想家是熊十力先生、金岳霖先生和冯友兰先生，三家学说都表现了中西哲学的融合……在熊氏哲学体系中，'中'层十分之九，'西'层十分之一……金先生的体系可以说是'西'层十分之九，'中'层十分之一。唯有冯友兰先生的哲学体系可以说是'中''西'各半，是比较完整的意义上的中西结合。"②这种中西结合的理论与实践表明，先生具有极为开阔的视野与胸襟，既打通了儒、墨、道、玄、禅的界限，也打通了中西的界限。这无疑有助于今天正确对待中西哲学文化关系，有利于中国文化由前现代向现代的转型。

其二是在史学方面的贡献。先生曾在30年代明确提出"释古"主张，这是针对史学界存在的"信古"倾向，尤其是针对"疑古"倾向而提出的。

二三十年代，以胡适、顾颉刚为代表的"疑古"思潮正盛行一时，七册《古史辨》便是其集大成之成果，其影响所及，至于古书无不可疑，"东周以前无史"。而王国维、郭沫若则与"疑古"派不同，前者提出了"二重证据法"（以考古发现补正古籍材料），后者以此为基础，运用新的理论以研究古代社会，取得重大成果。

先生于是在1935年总结上述状况而提出"释古"主张，认为"中国近年研究历史之趋势，依其研究之观点，可分为三个派别：

① 《三松堂全集》第11卷，第517、522页。
② 《怀念冯友兰先生——为纪念冯友兰诞辰100周年而作》，见《冯友兰先生百年诞辰纪念文集》第2页。

（一）信古，（二）疑古，（三）释古"，"信古"派盲目信古，以为古书所载皆真，毫不怀疑，最缺乏批判精神；"疑古"派之审查史料工作对史学不无相当贡献，但他们以为古书多非可信，以至抹杀一切，是其短处；"释古"派则较为科学，既不尽信古书，也不全然推翻古书，以为"古代传说虽不可尽信，然吾人可因之以窥见古代社会之一部分之真相"；同时认为"疑古一派的人，所作的功夫即是审查史料。释古一派的人所作的工作，即是将史料融会贯通。就整个的史学说，一个历史的完成，必须经过审查史料及融会贯通两阶段，而且必须到融会贯通的阶段，历史方能完成……由此观点看，无论疑古释古，都是中国史学所需要的"[①]。先生又曾说，"清朝人研究古代文化是'信古'，要求遵守家法；'五四'以后的学者是'疑古'，他们要重新估定价值，喜作翻案文章；我们应该采取第三种观点，要在'释古'上用功夫，作出合理的符合当时情况的解释。研究者的见解或观点尽管可以有所不同，但都应该对某一历史现象找出它之所以如此的时代和社会的原因，解释这为什么是这样的"[②]。

先生的《中国哲学史》和其他二史便是上述"释古"主张在哲学史领域的实践。这种主张与实践在今天的史学研究中仍具有重要意义，故近年李学勤先生在提出"走出疑古时代"口号时着重介绍了先生的有关思想，这一思想已引起越来越多的学者的重视。

其三是在教育方面的贡献。这方面的贡献又可分为三点。

[①] 《中国近年研究史学之新趋势》《近年史学界对于中国古史之看法》《〈古史辨〉第六册序》，均见《三松堂全集》第 11 卷，引文见该书第 281、359 页。
[②] 转引自王瑶《我的欣慰与期待》，见 1988 年 12 月 6 日《文艺报》。

第一，从事哲学教学六十余年，培养了一代又一代哲学与哲学史专家学者。

第二，作为清华大学校秘书长、校务会议成员与代理主席，协助校长罗家伦、梅贻琦促成清华教育独立①，并对清华基本建设的发展与教授治校②、兼容并包学术自由传统的形成有所贡献。

第三，担任清华大学文学院院长18年，倡导并形成了在全国高校中独树一帜的清华学派。关于清华学派，王瑶曾概括其特点为"对传统文化不取笼统的'信'或'疑'的态度，而是在'释古'上用功夫，作出合理的符合当时情况的解释。为此，必须做到'中西贯通，古今融汇'，兼取京派与海派之长，做到微观与宏观结合"③。先生自己则曾说："国学研究所的学生与清华旧制的学生，大部分是格格不相入底。我们若沿用普通所谓'中西''新旧'的分别，我们可以说，研究所的学生是研究'中国底''旧'文化。旧制的学生是学习'西洋底''新'文化。他们中间有一条沟。到清华大学时代，国学研究所取消了。旧制学生也都毕业出国了。可是上面所说底那两种精神仍然存留，而并且更加发扬。他们中间底那条沟也没有了。两种精神成为一种精神了。这是清华大学时的特色。清华大学之成立，是中国人要求学术独立的反映。在对日全面战争开始以前，清华的进步，真是一日千里。对于融合中西新旧一方面，也特别成功。

---

① 清华大学原隶属外交部，不属中国教育系统，罗家伦任清华校长期间，经全体师生斗争后方归属教育部。
② 清华大学由教授会、评议会、校务会议三级组织进行治理，三级组织成员均为教授。此传统由蔡元培首创，曾长期在北京大学、清华大学、西南联大实行。
③ 转引自徐葆耕《瑶华圣土——记王瑶先生与清华大学》，见《随笔》1992年2期。

这就成了清华的学术传统。"① 这种特色与传统在先生任主任的哲学系表现尤为鲜明，故先生曾介绍说："本系同人认为哲学乃写出或说出之道理。一家哲学之结论及其所以支持此结论之论证，同属重要。因鉴于中国原有之哲学，多重结论而忽论证，故于讲授一家哲学时，对于其中论证之部分，特别注重。使学生不独能知一哲学家之结论，并能了解其论证，运用其方法。又鉴于逻辑在哲学中之重要及在中国原有哲学中之不发达，故亦拟多设关于此方面之课程，以资补救。因此之故，本校哲学在外间有逻辑派之称。"② 当时的清华文学院，哲学系有冯友兰、金岳霖、张崧年（申府）、张岱年等，中文系有朱自清、闻一多、杨树达、王力等，历史系有陈寅恪、蒋廷黻、钱稻孙、雷海宗等，外文系有王文显、陈福田、吴宓、叶公超等，社会学系有陈达、吴景超、潘光旦、李景汉等，学术力量极为雄厚。这些全国一流的学者又培养出了曹禺、钱锺书、林庚、季羡林、王瑶、唐稚松等一大批学贯中西的优秀学生，他们后来也都成为全国一流的学者，将学术文化继续推向前进。王瑶曾"直言不讳地批评院系调整将清华中文系取消是'一大损失'，'因为它不是一个大学的一个系，而是一个富有鲜明特色的学派'"③，此话同样适用于整个清华文学院，取消清华文学院更是难以弥补的重大损失！

　　作为一位哲学家、哲学史家和教育家，先生一生写了三十多部书，五百多篇文章，共七百万言（仅就已发现者而言），已编为《三

---

① 《清华的回顾与前瞻》，《三松堂全集》第 13 卷，第 751 页。
② 《国立清华大学哲学系概况》，《三松堂全集》第 13 卷，第 730～731 页。
③ 转引自徐葆耕：《瑶华圣土——记王瑶先生与清华大学》，见《随笔》1992 年第 2 期。

松堂全集》。此外他还写有《冯友兰英文著作集》与《庄子·内篇》英译。

先生曾说，所有这些著作都是"迹"，而不是"所以迹"。那么，什么是先生的"所以迹"呢？他说："我经常想起《诗经》有两句诗，'周虽旧邦，其命维新'。中国处在现在这个世界，有几千年的历史，可以说是一个'旧邦'。这个旧邦要适应新的环境，它就有一个新的任务，即在新的历史条件下，在这块古老的土地上，建设新的物质文明和精神文明，这就是'新命'……怎么样实现'旧邦新命'，我要作自己的贡献，这就是我的'所以迹'。"① 此"所以迹"就是爱国情怀与文化使命感，它们是先生写作的巨大动力。

此"所以迹"表现于《中国哲学史》的写作，故其下册《自序》有言，"此第二篇稿最后校改时，故都正在危急之中。身处其境，乃真知古人铜驼荆棘之语之悲也。值此存亡绝续之交，吾人重思吾先哲之思想，其感觉当如人疾痛时之见父母也。吾先哲之思想，有不必无错误者，然'为天地立心，为生民立命，为往圣继绝学，为万世开太平'，乃吾一切先哲著书立说之宗旨。无论其派别为何，而其言之字里行间皆有此精神之弥漫，则善读者可觉而知也。'魂兮归来哀江南'，此书能为巫阳之下招欤？是所望也"。

此"所以迹"也表现于"六书"的写作，故其《新原人·自序》有言，"'为天地立心，为生民立命，为往圣继绝学，为万世开太平'，此哲学家所应自期许者也。况我国家民族值贞元之会，当绝续之交，通天人之际、达古今之变、明内圣外王之道者岂可不尽

---

① 《三松堂学术文集·自序》。

所欲言，以为我国家致太平，我亿兆安心立命之用乎？虽不能至，心向往之。非曰能之，愿学焉。此《新理学》《新事论》《新世训》及此书之所由作也……世变方亟，所见日新，当随时尽所欲言，俟国家大业告成，然后汇此一时所作，总名之曰《贞元之际所著书》，以志艰危，且鸣盛世"。

此"所以迹"同样表现于《中国哲学史新编》的写作，故先生晚年曾说，"在振兴中华的伟大事业中……我所能做的事就是把中国古典哲学中的有永久价值的东西，阐发出来，以作为中国哲学发展的养料……像这一类的阐发，我将在我的《中国哲学史新编》中陆续提出来"[1]，而《新编》全书则以这样的语句作结："'为天地立心，为生民立命，为往圣继绝学，为万世开太平。'高山仰止，景行行止。虽不能至，心向往之。"

这样，我们就不难理解先生为什么能在国难当头，生活极其艰苦的条件下写出"六书"，建立自己的哲学体系；为什么能在空前强大的压力下不自杀，不发疯，也不沉默；为什么能在耳目失其聪明，生活完全不能自理的状况下，以 95 岁高龄写成巨著《新编》，创造出学术史上的奇迹。

"春蚕到死丝方尽，蜡炬成灰泪始干"。先生强烈的爱国情怀和文化使命感永远值得后人景仰。

1996 年 1 月写于燕园三松堂

（原载《文史哲》1996 年第 4 期）

---

[1] 《三松堂自序》,《三松堂全集》第 1 卷，第 345 页。

附：冯友兰先生主要著作书目

1.《人生哲学》1926年，商务印书馆（收入《三松堂全集》11卷）

2.《中国哲学史》上册1931年，神州国光社；上下册1934年，商务印书馆（收入《三松堂全集》第2、3卷）

3.《新理学》1939年，商务印书馆（收入《三松堂全集》第4卷）

4.《新事论》1940年，商务印书馆（收入《三松堂全集》第4卷）

5.《新世训》1940年，开明书店（收入《三松堂全集》第4卷）

6.《新原人》1943年，商务印书馆（收入《三松堂全集》第4卷）

7.《新原道》1945年，商务印书馆（收入《三松堂全集》第5卷）

8.《新知言》1946年，商务印书馆（收入《三松堂全集》第5卷）

9.《中国哲学简史》1948年，纽约麦克米伦公司（英文。中译本由北京大学出版社于1985年出版，涂又光译。收入《三松堂全集》第6卷）

10.《三松堂自序》1984年，三联书店（收入《三松堂全集》第1卷）

11.《三松堂学术文集》1984年，北京大学出版社（收入《三松堂全集》第11卷）

12.《冯友兰英文著作集》1991年，外文出版社

13.《中国哲学史新编》第1～6册，1982～1989年，人民出版社（前4册收入《三松堂全集》8、9卷）；第1～7册，1991年，台湾蓝灯文化事业股份有限公司；第7册，1992年，香港中华书局（易名为《中国现代哲学史》）

14.《三松堂全集》第1～9、11～14卷，1985～1995年，河南人民出版社（第10卷拟收《中国哲学史新编》第5、6、7册，因第7册大陆至今未能出版，故第10卷亦未能出版）

校勘后记

　　冯友兰先生所著《中国哲学史新编》第七册，曾由中华书局香港有限公司易名《中国现代哲学史》，于 1992 年 7 月出版，是为繁体字竖排本。1996 ～ 1997 年，我在编纂《三松堂全集》第 2 版时，曾据原稿对此《中国现代哲学史》进行校勘，勘误 115 处。现由广东人民出版社出版校勘后的《中国现代哲学史》，是为简化字横排本。

　　《中国现代哲学史》是冯先生晚年回归自我，"修辞立其诚""海阔天空我自飞"的产物。其写作开始于 1988 年初。写成则是在 1990年 6 月，当时，冯先生已 95 岁。这是学术史上的一个奇迹。

　　感谢广东人民出版社热心出版此书。感谢责任编辑余小华女士为出版此书所做的工作。

蔡仲德

1998 年 12 月 25 日